本书是国家社会科学基金青年项目

"马克思主义视阈下中国实体经济与虚拟经济的利润率比较研究"（项目号：16CJL002）的研究成果

中国实体经济与虚拟经济的

利 润 率

基于马克思主义的视角

THE PROFIT RATES OF
CHINA'S REAL ECONOMY AND FICTITIOUS ECONOMY
A MARXIST PERSPECTIVE

李亚伟 著

社会科学文献出版社
SOCIAL SCIENCES ACADEMIC PRESS (CHINA)

前　言

　　自 20 世纪 80 年代以来，在以美国为代表的发达经济体里，经济重心出现了由生产向金融的长期结构性转向，而且这种结构性转向逐渐向全球蔓延。在国际经济环境的影响之下，中国实体经济的盈利能力近年来出现下滑，货币资金有撤离实体经济而转入虚拟经济领域的迹象，带来实体经济出现空心化的可能性。实体经济是中国经济的根基，如果听任它空心化，中国经济的基础和长期发展动力就会被削弱。如何让资本回归实体经济、促进实体经济发展，成为亟待解决的问题。利润率引导资本积累，对实体经济和虚拟经济的利润率动态及其成因进行比较研究，有助于寻求此问题的解决路径。

　　利润率引导资本积累进而影响经济运行，它是马克思主义经济学的重要分析指标。马克思围绕利润率展开了深刻的理论探讨。在马克思之后，随着统计数据可用性的增强，利用大范围数据对利润率的考察逐渐增加。马克思主义学者围绕利润率的大量研究，逐渐地可以分为"利润率的理论研究"和"利润率的经验考察"。本书致力于在已有相关研究的基础之上，从区分虚拟经济和实体经济的视角对利润率展开一个经验考察。

　　第一章，基于对相关研究的梳理，探讨利润率和虚拟经济的经验界定。基于马克思对利润率的分析，"利润率的理论研究"有着多方面的深入探讨，"利润率的经验考察"也有着多视角的大量研究。本章在梳理相关研究的基础上，综述了马克思主义学者关于利润率经验界定的考察，为后续章节在区分虚拟经济和实体经济的角度下界定利润率打下了基础。相关学者围绕虚拟经济的研究，虽然均基于马克思的虚拟资本理论，却有着不同的虚拟经济范畴定义方式。回归马克思的论述对这些研究进行审视，发现虚拟经济在理论上并不是部门范畴，而在经验考察中，却常被界定为主要从事虚拟经济活动的部门。本书也因而在经验考察中，将虚拟经济界定为金融企业部门，与之相对应，将实体经济界定为非金融企业部门。利润率长期波动的理论，有助于为利润率的经验考察提供理论参鉴，对利润率的分析和对技术进步的促进，有可能顺应技术革命的发生与发展，促进资本自动回归实体经济。

第二章，讨论中国整体经济的利润率和资本积累动态。通过批判性地考察围绕平均利润率经验定义的相关争论，能够对利润率的界定给出方向性建议。对于利润率与资本积累的相互作用，则可引入调整资本和调整利润率进行探讨。通过衡量中国经济的利润率和资本积累动态，可以发现：（1）平均利润率呈现长期的下降趋势，调整利润率引领平均利润率的变动；（2）平均利润率、调整利润率与积累率及经济增长率有着密切的关联，基于它们的动态可将 1978～2017 年的中国经济发展大致划分为三个阶段；（3）对利润率变动的解释有必要兼顾供给侧的因素和需求侧的因素，其中劳动生产率和劳动份额变动对利润率的动态具有明显的解释力。

第三章，考察虚拟经济的利润率量度方式，测算中国虚拟经济的利润率，并将之与采用一致方法量度的实体经济利润率相比较。马克思主义政治经济学关于利润率的经验考察，大多针对非金融企业部门或者整体经济，有关金融企业部门利润率的专门研究相对较少。本章在梳理相关研究的基础上，评析了金融企业部门利润率的不同衡量方式，对固定资产利润率、总资产利润率和税后利润率等方式分别提出批评，认为拓展利润率更能够反映金融企业自有资金的收益状况，并适用于金融企业部门与非金融企业部门的利润率比较。中国金融企业部门的拓展利润率自 21 世纪初期以来持续高于非金融部门的拓展利润率，此利润率对比状况与资本积累的金融化演变图景切合。近年来，金融企业部门的拓展

利润率虽然也呈现下降趋势，但依然在波动中明显高于非金融企业部门
的拓展利润率，意味着资本积累仍有继续金融化的风险，从利润率着手
的研究蕴含促进资本自动回归非金融领域的可能性。

　　第四章，利用一个改进的马克思主义两部门模型分析中国虚拟经济
（金融企业部门）利润占比的上升。中国金融企业部门利润占比在 2000
年之后呈现快速上升的态势。与之相伴随，金融企业部门的利润率长期
高于非金融企业部门的利润率，金融企业部门的总资产占比和资产净值
占比也均表现出上升的趋势。一个改进的马克思主义两部门模型，蕴含
三个理论假设。（1）净息差越大，金融利润占比越大，金融部门利用
生息资本盈利的方式，不是"薄利多销"，而是"厚利多赚"。（2）非
利息收入占比的提升，促进了金融利润占比的增大。（3）生息资产占
生产资本的比例越大，金融企业部门利润占比越大。针对中国金融企业
部门和非金融企业部门的实证考察结果，支持改进后的模型的上述理论
假设。估计结果表明，净息差、非利息收入占比和负债比率均对金融企
业部门利润占比构成显著的正向影响。基于上述研究，为了调节金融企
业部门利润占比的上升以及预防可能出现的"脱实向虚"，有必要从促
进净息差的市场调节、规范非利息收入和鼓励调控负债比率等方面
着手。

　　第五章，衡量实体经济的利润率动态，考察利润率的"技术修
复"，并着力探讨如何促进技术进步以实现"技术修复"。通过衡量实
体经济的多种利润率指标，发现多种利润率指标均在 2009～2018 年呈
现明显的下降趋势。对于探究利润率下降的原因，有两个分析框架可资
参考：一个是美国马克思主义学者韦斯科普夫的分析框架，另一个是以
美国马克思主义学者哈维为代表的利润率修复理论。这两个架构有共通
之处，"空间修复""技术修复"和"金融修复"之间的排列组合，分
别可能有助于缓和利润挤压、剩余价值实现和资本有机构成提高的压
力。然而，"金融修复"会造成虚拟经济脱离于实体经济，是不可持续
的方式。"空间修复"是可行的方式，但可能会面临资源、环境、人口

和基础设施等的限制。由技术进步带来的"技术修复",才是修复实体经济乃至整体经济利润率的可持续的有效方式。技术进步的卡尔多-凡登法则,提供了一种着力于需求侧的方式,广受关注并已有多种改进式探索,却依然存在局限性,引发诸多争议。

第六章,构建技术进步的古典-马克思-卡尔多主义模型,并对中国经济展开考察。基于古典-马克思主义对技术进步内在形成机制的探讨,可以从资本积累的技术选择的维度,解构和拓展卡尔多-凡登法则,为技术进步提供一个兼顾需求侧和供给侧的动态演化模型。针对中国经济的考察与检验发现,为了应对劳动生产率增速的下行趋势,有必要在注重推进技术创新的同时,发挥工业的规模报酬递增效应和实际工资的引致技术变革效应。

马克思主义的利润率似乎依然只是一个可量度的经济指标,但对利润率的分析和阐释却实际上关涉整个资本积累理论体系,而资本积累理论则是笔者致力于长期深耕的研究领域。本书对中国实体经济和虚拟经济利润率的比较研究,正是基于资本积累理论研究中国经济的一次尝试。这个尝试无疑只是初步的,有着许多可以继续深入探讨的方向,譬如对虚拟资本范畴的进一步深度理论探析、对虚拟经济的进一步精准化研究等。期待本书能够为结合资本积累理论的中国经济研究略尽绵薄之力,也期待这一研究方向能够得到持续的推进。

书稿形成过程中,孟捷教授、张衍教授、冯金华教授、骆桢副教授、李怡乐副教授等多位师友提供了耐心的指导和帮助,在此深表感谢。

目 录

第一章 利润率与虚拟经济的经验界定

本章尝试基于已有相关研究，探讨利润率和虚拟经济的经验界定。首先，在梳理马克思关于利润率的理论分析以及后来学者做出的理论研究与经验考察的基础上，综述利润率的经验界定方式的演变。其次，通过梳理基于马克思虚拟资本理论的五种虚拟经济定义，探讨如何在经验考察中对虚拟经济进行界定。最后，通过考察利润率长期波动理论，为后续章节关于利润率的经验考察提供一个理论参鉴。

一 利润率的理论定义和经验界定

（一）马克思对利润率的分析和后来学者的研究

马克思对利润率的阐述可梳理为三个阶段。首先，由剩余价值率引申出利润率。他指出，在资本家的心目中，不变资本和可变资本是完全混同的，资本家获利的程度不取决于利润和可变资本的比率，而是取决于利润和总资本的比率。[①]"用可变资本来计算的剩余价值的比率，叫作剩余价值率；用总资本来计算的剩余价值的比率，叫作利润率。这是同一个量的两种不同的计算法，由于计算的标准不同，它们表示的是同

---

① 马克思：《资本论》（第3卷），人民出版社，2004，第50页。

1

一个量的不同的比率或关系。"① 用 S 表示剩余价值，C 表示预付不变资本，V 表示预付可变资本，利润率可以被表示为：

$$r = \frac{S}{C + V} \qquad (1-1)$$

基于马克思对利润率的界定，可以发现以下两点。（1）利润率是剩余价值与全部预付资本之比，表示全部预付资本的增殖程度。马克思还指出："用全部预付资本价值来计算出售价格超过成本价格的余额，是很重要、很自然的，因为总资本增殖的比率，或者说总资本的增殖程度，实际就是这样找到的。"② （2）马克思罗列了计算余额的两种方法，即"剩余价值与成本价格之比"以及"剩余价值与预付资本总价值之比"。马克思陈述道："余额的计算有两种方法。第一，作为一个简单的量即超过成本价格的余额来计算。在余额的这第一个形式上，全部流动资本会加入成本价格，而固定资本中却只有损耗会加入成本价格。第二，作为这个价值余额和预付资本总价值的比率来计算。在这里，全部固定资本的价值和流动资本的价值一样加入计算。"③

其次，特殊的利润率平均化为一般利润率。马克思的生产价格类比于斯密和李嘉图所说的"自然价格"；他的一般利润率，相当于斯密所说的"利润自然率"和李嘉图所说的"一般利润"。马克思强调，生产价格以一般利润率的存在为前提，一般利润率又以各个特殊生产部门的利润率转化为一个平均率为前提。他论述道："由于投在不同生产部门的资本有不同的有机构成，因而，由于等量资本按可变部分在一定量总资本中占有不同的百分比而推动极不等量的劳动，等量资本也就占有极不等量的剩余劳动，或者说，生产极不等量的剩余价值。根据这一点，不同生产部门中占统治地位的利润率，本来是极不相同的。这些不同的利润率，通过竞争而平均化为一般利润率，而一般利润率就是所有这些

① 马克思：《资本论》（第3卷），人民出版社，2004，第51页。
② 马克思：《资本论》（第3卷），人民出版社，2004，第55页。
③ 马克思：《资本论》（第3卷），人民出版社，2004，第56页。

不同利润率的平均数。"①

最后，分析利润率的长期趋势。马克思首先说明了，资本主义生产方式下劳动的社会生产力的不断发展，表现为总资本有机构成的不断提高，由此造成"在劳动剥削程度不变甚至提高的情况下，剩余价值率会表现为一个不断下降的一般利润率"②。然后，他讨论了起反作用的各种因素，认为这些因素阻挠和抵消一般规律的作用，使之只有趋势的性质。

在马克思之后，国内外的马克思主义学者围绕一般利润率展开了众多的研究，可以大致区分为"利润率的理论研究"和"利润率的经验考察"。在"利润率的理论研究"方面，马克思的利润率趋向下降规律，自问世以来引发了许多争议，围绕利润率趋向下降规律本身以及置盐定理，学者们展开了长时期的论争。国内外的许多马克思主义学者反驳对利润率趋向下降规律的质疑，其中一些学者对置盐定理进行了批判性考察。罗斯多尔斯基（Rosdolsky，1977）是其中的杰出代表，他全面而深入地考察了相关文本，说明了马克思并未将这一规律局限于不变的剩余价值率，剩余价值率的增长受限于工作日长度和劳动力再生产的需要，同时不变资本要素的贬值并不能阻挡资本有机构成的提高。克莱曼等（Kliman et al.，2013）还强调利润率趋向下降规律并不是要预测一般利润率必然下降，而是为了解释一般利润率下降这一经验事实。

国内学者在"利润率的理论研究"方面，也做出了许多研究贡献。余斌（2012）对置盐定理提出批评，构建了一个分析平均利润率趋向下降规律的理论模型，并指出了平均利润率必然下降的一个根本原因。刘灿和韩文龙（2013）梳理了关于利润率下降规律的四次争论，并深入地评析了对利润率下降规律原因的不同解释。鲁品越（2015）比较了利润率趋向下降规律和皮凯蒂的资本收益率高于经济增长率的统计结果，发现二者是资本积累过程的两个对立的方面，利润率趋向下降规律

① 马克思：《资本论》（第3卷），人民出版社，2004，第177页。
② 马克思：《资本论》（第3卷），人民出版社，2004，第237页。

驱使资本向欠发达国家和地区转移、从实体经济向虚拟经济转移，由此转嫁利润率下降的压力，实现高积累和高收益。李翀（2018）评析了斯威齐和置盐信雄质疑利润率趋向下降规律的分析逻辑，并探讨了这一规律的验证和一般利润率变化的现实解析。张衔和薛宇峰（2020）对置盐定理进行批判性解构，指出其中的生产价格背离马克思的定义，认为置盐定理遵循的是斯密价值论和李嘉图转形论的庸俗成分。王生升等（2019）则指出置盐定理仅仅展示剩余价值实现对剩余价值生产的反向影响，遮蔽了积累和消费的对抗性矛盾及其背后的对抗性生产-分配关系，因而无法说明一般利润率下降趋势的现实展开方式。李帮喜等（2016）和骆桢（2010）等学者也从不同的角度对置盐定理以及利润率趋向下降规律进行了有益的考察。

在"利润率的经验考察"方面，国内外的学者们也展开了多角度的、针对不同时期不同地域的研究，尤其是围绕 20 世纪 70 年代的经济危机和 2008 年国际金融危机展开了许多分析，尝试从利润率的视角对经济危机进行考察。国外马克思主义学者的研究，以韦斯科普夫（Weisskopf，1979）、谢克和托纳克（Shaikh and Tonak，1994）、科茨（Kotz，2009，2011）和克莱曼（Kliman，2012）等为代表。国内学者赵磊和刘河北（2017）利用马克思对利润率趋向下降规律和经济危机的分析，构建出利润率与经济增长率的模型，并用以分析中国经济新常态。谢富胜和李直（2016）借鉴谢克等学者构建的国民经济核算的政治经济学框架，估算了中国经济 1994~2011 年的一般利润率，发现资本有机构成的上升趋势超过剩余价值率的上升趋势是造成利润率下降的主要原因。徐春华（2016）考察了 1995~2009 年 38 个国家中两大部类的利润率以及经济体中一般利润率的变动情况，进而考察一般利润率的国别差异、下降规律及影响因素。国内外的其他多位学者，也对利润率的理论研究和（或）经验考察做出了研究尝试与贡献。

（二）价值利润率和价格利润率

马克思在定义利润率时强调，一方面，利润率仅是表面上的现象，剩余价值和剩余价值率才是需要进行研究的本质。马克思指出："剩余价值和剩余价值率相对地说是看不见的东西，是要进行研究的本质的东西，而利润率，从而剩余价值作为利润的形式，却会在现象的表面上显示出来。"① 另一方面，单个资本家关心的只是利润和利润率。马克思论述道："至于单个资本家，那么很清楚，他惟一关心的，是剩余价值即他出售自己的商品时所得到的价值余额和生产商品时所预付的总资本的比率"②。

既然利润率是资本家唯一关心的现象，是资本家的主观意识形式，那么利润率就应当以资本家能够直接感受到的价格来表示，而不是以资本家不能直接看到和不那么关心的价值量来衡量。这一矛盾，源自价值利润率只是马克思分析一般利润率的一个阶段，并不是影响资本家决策的利润率的完成形态。

美国马克思主义学者沃尔夫（Wolff, 1979, 1986）用数学形式表现出利润率，而后对马克思提出了批评。他假设每个部门的周转期都是一年，并令 $\mathbf{a}$ = 产业间系数矩阵，$\mathbf{l}$ = 劳动系数行向量，N = 总就业，$\mathbf{m}$ = 每个工人的平均消费列向量，$\mathbf{X}$ = 部门总产出列向量，$\mathbf{k}$ = 资本系数矩阵，则劳动价值向量 $\boldsymbol{\lambda}$ 为：

$$\boldsymbol{\lambda} = \mathbf{l}\,(\mathbf{I}-\mathbf{a})^{-1} \tag{1-2}$$

其中 $\mathbf{I}$ 是单位矩阵，$\boldsymbol{\lambda}_i$ 应解释为部门 i 的（当前价格下）每美元产出所需的直接和间接劳动之和。劳动力的价值，即每个工人的预付可变资本，等于 $\boldsymbol{\lambda}\mathbf{m}$。故剩余价值率为：

$$\epsilon = \frac{1 - \boldsymbol{\lambda}\mathbf{m}}{\boldsymbol{\lambda}\mathbf{m}} \tag{1-3}$$

它可被看作未补偿的（剩余的）劳动时间与得到补偿的（必要的）劳动时间之比。总可变资本 V 和总剩余价值 S 分别为：

---

① 马克思：《资本论》（第 3 卷），人民出版社，2004，第 51 页。
② 马克思：《资本论》（第 3 卷），人民出版社，2004，第 51 页。

$$V = N\lambda m \qquad\qquad (1-4)$$

$$S = N\lambda m \epsilon = N(1 - \lambda m) \qquad\qquad (1-5)$$

资本有机构成或价值构成 σ 是：

$$\sigma = \frac{\lambda(k+a)X}{N\lambda m} \qquad\qquad (1-6)$$

所以，沃尔夫将价值利润率 π_v 表示成：

$$\pi_v = \frac{S}{C+V} = \frac{\epsilon}{\sigma+1} = \frac{N(1-\lambda m)}{\lambda(k+a)X + N\lambda m} \qquad\qquad (1-7)$$

然后，他利用联立方程组求解一般利润率。他以产业间系数矩阵 **a**、资本系数矩阵 **k**、劳动系数行向量 **l** 和实际工资 ω 解出生产价格行向量 **ρ** 和一般利润率 π，方程式为：

$$(\rho a + \rho k + \omega l)(1 + \pi) = \rho \qquad\qquad (1-8)$$

其中 ω 是生产价格形式的货币工资[①]，它等于 **ρm**，因此上述方程可以转变为：

$$\rho(a + k + ml) = (\frac{1}{1+\pi})\rho \qquad\qquad (1-9)$$

基于价值利润率 π_v 和一般利润率 π 的不同表达式，沃尔夫对马克思不区分二者的做法提出批评。[②] 他认为，马克思相信当劳动价值转形为生产价格时，总剩余价值、总可变资本和总不变资本都保持不变，一般利润率 π 会等于价值利润率 π_v。但是，这种不变性只有在非常严格的条件下才成立。从它们的表达式中可以看出，价值利润率 π_v 是产出向量 **X** 的函数，而一般利润率则与产出相独立，产出的变动会改变前者，却不会改变后者。

---

① 此处假设所有工人都是同质的，因而实际工资相同。

② 沃尔夫就利润率趋向下降规律还提出了另外两点质疑：第一，资本有机构成并不一定随着技术构成的提高而上升；第二，不能独立于剩余价值率的变动而讨论有机构成的变动，二者是正相关的。本章专注于对利润率定义的讨论，暂不评论沃尔夫的这两点质疑。

　　沃尔夫将利润率模型化并进行实证研究，是具有建设性意义的。然而，他的观点存在三个问题。第一，沃尔夫以具体劳动量来衡量价值。莫斯里（Moseley，1991：26-43）对这种做法提出批评。他指出，生产商品所需要的实际劳动量，一般不同于商品中所包含的抽象劳动量，前者甚至不是后者的一个好的近似值，而沃尔夫却并没有将具体劳动量转化为抽象劳动量；由于难以计算将复杂劳动转化为简单劳动的转化系数，以及将高强度或低强度的劳动转化为一般强度的劳动的转化系数，所以对抽象劳动量的可信赖的测算，原则上是不可能的。国内学者高峰（2014：284-285）也认同莫斯里对沃尔夫的这一批评。

　　第二，沃尔夫试图衡量的价值利润率，不具有一般利润率的经济意义。在沃尔夫的价值利润率表达式即式（1-7）中，λ_i 为部门 i 每美元产出所需的劳动量，$\mathbf{X}$ 是部门总产出列向量，二者均与部门总产出相关。部门总产出是一个包含利润的价格量，而利润则是经历了利润率平均化和价值转形为生产价格过程之后的量。可见，除了以具体劳动量计算价值量以外，沃尔夫测算的价值利润率 π_v，还与经过转形过程以后的利润相关。[①]

　　即使沃尔夫成功地度量了转形之前的价值利润率，它也只是一个算数平均值。在利润率平均化条件下，通过将利润和预付资本加总平均而计算出来的一般利润率，既是平均的利润率，又是与"等量资本获取等量利润"相对应的单个资本的利润率。一般利润率也因而能够影响资本家的资本积累进而经济运行。按劳动量计算的单个资本利润率，是尚未经过利润率平均化过程的特殊利润率。通过对总劳动量、必要劳动量和不变资本中物化的劳动量进行运算，而得到的价值利润率，实际上是将这些特殊利润率加总平均。此算法得到的只是一个平均值而已，与单个资本的特殊利润率并不相同，它并不能直接影响资本家的资本积累决策。马克思的利润率趋向下降规律中的利润率，指

———————————

　　①　梅基（Mage，1963）更好地衡量了价值利润率。

的是以利润率平均化为前提的一般利润率，而不是未经过利润率平均化过程的特殊利润率的平均值。

第三，沃尔夫的向量方程式有着两个方面的不足，造成求解出的一般利润率不可信赖。一方面，此向量方程式以周转期等于一年为前提假设。在经济运行中，固定资本的周转期可能长达数年甚至数十年，而流动资本的周转期则可能只是几个月甚至几周。对于利润率的实际测算，不能不考虑资本周转因素。如果沃尔夫采用的技术系数表示的是存量，那么此向量方程式本身就是不成立的。如果这些系数表示的是耗费量，那么此向量方程式测算出来的利润率，则是利润与耗费资本之比，而不是马克思所定义的利润与预付资本之比。

另一方面，沃尔夫的向量方程式没有考虑商品的实现问题。吉尔曼（Gillman，1957：82-83）指出，在资本主义初期，销售和广告等方面的费用非常低，但是随着资本主义的发展和垄断竞争的出现，作为价格组成部分的这些实现费用，上升到能够侵蚀资本家收益的程度。依据吉尔曼的观察，我们还可以推测，实现费用占据价格的比重，在不同的部门中可能不一致甚至差别较大，比如奢侈品部门的实现费用占比可能较高，而必需品部门的实现费用占比则可能较低。沃尔夫的向量方程式没有考虑实现费用，只利用生产过程中的技术系数进行求解，这会造成解出的一般利润率和相对生产价格与实际不符。因此，这方面的不足也会使得沃尔夫求解出的一般利润率令人怀疑。

利润率趋向下降规律探讨的是劳动生产力与一般利润率之间的关系。通过对特殊利润率进行加总平均而得到的价值利润率，并不具有一般利润率的经济含义，因而不适合用于对此规律的讨论。梅基（Mage，1963）分别以劳动时间和货币衡量了利润率，并指出企业的投资行为，反映的是以货币（最终购买力）为度量单位的投资收益预期，而不是劳动时间形式的投资收益预期；即使价值利润率存在下降趋势，那么它也只有在表现为直接与资本积累的动力相关的价格利润率的下降时，才会导致马克思所归因于它的严重后果。

在讨论资本积累时，有必要采用价格形式的一般利润率。[①] 价格形式利润率的度量有两类方法：一类是像沃尔夫那样利用包含利润率和生产价格的联立方程组来测算，但这种联立方程组本身存在问题，造成求解出来的利润率不可信赖，因而此类方法不可取；另一类方法则是将利润和预付资本进行加总运算，此方法较为简便可行。

（三）马克思主义学者对利润率的经验界定

马克思观察了引领第一次工业革命的英国，由于统计资料有限，他对利润率的分析主要是理论阐释。在马克思之后，第二次工业革命又一次促使资本主义生产快速发展，相关的统计资料也不断积累。在此背景之下，吉尔曼（Gillman，1957：33-85）开始对利润率展开较大范围的经验考察，他的研究在多个方面均具有开拓意义。

吉尔曼选取美国制造业作为考察对象。他采用美国制造业普查数据中的"材料、耗材、燃料、外购电能和承包作业"（下文简称"原材料"）作为耗费的不变流动资本，用厂房和设备的折旧（下文简称"折旧"）作为耗费的固定资本，二者之和即耗费的不变资本。采用生产工人的工资作为耗费的可变资本。从"产品价值"中扣除耗费的不变资本和生产工人的工资，得到利润。他首先基于 1849~1939 年的数据，计算了美国制造业的流量形式的利润率。由于在 1919 年以前没有严格的折旧数据，所以他分别计算了 1849~1939 年不考虑折旧的流量利润率和 1919~1939 年考虑折旧的流量利润率，测算公式分别为：

$$流量利润率（不考虑折旧）= \frac{产品价值 - 原材料 - 生产工人工资}{原材料 + 生产工人工资} \quad (1-10)$$

$$流量利润率（考虑折旧）= \frac{产品价值 - 原材料 - 折旧 - 生产工人工资}{原材料 + 折旧 + 生产工人工资}$$
$$(1-11)$$

[①] 荣兆梓和陈旸（2014）在分析价值转形问题时，基于投入产出表的数据进行测算，利用在价值体系中确定的平均利润率，得到在生产价格体系下和在市场价格体系下的平均利润率，三者在量值上相同。

二者均呈现上升趋势，这似乎与马克思的利润率趋向下降规律相矛盾。吉尔曼认为其原因有三：一是随着产业整合和垄断，原材料、厂房和设备的利用更有效率；二是随着产业的纵向整合，原材料的统计量减少，原本计入原材料的部分可能变成了生产过程中的半成品；三是随着机械化程度的提高，流量指标可能会掩盖固定资本存量的增加。

吉尔曼认为流量利润率并不符合利润率的定义，利润率的分母应当是投资的资本，是资本存量，而不是耗费的资本。随着机械化程度和原材料利用效率的提高，不变资本存量中的固定资本部分将相对增多，原材料部分相对减少，甚至可能绝对减少。由于固定资本存量的周转速度明显低于原材料存货的周转速度，所以不变资本总存量的增多，反而可能表现为耗费的总不变资本量的减少。吉尔曼举了一个例子。假设原材料存货是 100，年周转次数是 3，那么每年耗费的原材料是 300；同时，厂房和设备等固定资本存量是 1000，折旧率是 10%，则每年耗费的固定资本是 100；在这种状况下，总资本存量是 1100，年耗费总资本是 400。假设随着机械化程度和原材料利用效率提高，固定资本存量增加为 1500，原材料存货减少为 70；原材料的年周转次数和固定资本的折旧率不变，则总资本存量增加为 1570，而年耗费总资本却减少为 360。因此，采用流量指标测算的利润率，可能会掩盖不变资本存量的增多。

利润率的分母还应该包括可变资本存量，但吉尔曼决定不考虑这部分。他给出了两条理由：一方面，可变资本的周转难以准确测算，因而难以构造现实的可衡量的工资资本存量；另一方面，可变资本存量相对于不变资本存量而言，几乎是可以忽略的。吉尔曼援引美国劳工统计局的数据，发现在 1953 年的美国制造业中，接近 81% 的生产和非监管工人是被按周支付的。1919~1939 年，产业工人的年工资量，在除以 52 周以后，仅相当于固定资本存量的不到 1%，而且这一相对比率在不同的年份间似乎不会明显变化。

吉尔曼利用厂房和设备在当前价格下的再生产成本扣除折旧，作为固定资本存量。他给出的理由是，利润和工资都是以当前价格来衡量的，因而不变资本也应当以当前价格来衡量。他将存货作为不变流动资本存量。虽然知道存货的一部分由尚未出售的制成品构成，但他认为除了危机时期以外，这部分在存货中所占的比重在不同时间里不会大范围地变化，它们的存在并不会严重扭曲度量结果的变动趋势。吉尔曼分别采用固定资本和固定资本加存货作为分母，测算了 1880～1952 年美国制造业的两种存量形式的利润率，测算公式分别为：

$$存量利润率 = \frac{增加值 - 生产工人工资 - 折旧}{固定资本} \qquad (1-12)$$

$$计入存货的存量利润率 = \frac{增加值 - 生产工人工资 - 折旧}{固定资本 + 存货} \qquad (1-13)$$

吉尔曼分别采用以固定资本存量为分母和以固定资本存量加存货为分母的两个定义式，衡量了美国制造业在 1880～1952 年的利润率，发现二者的趋势基本一致：在 1880～1919 年显著下降，在 1919～1952 年波动上升。吉尔曼的这类以固定资本存量（或者固定资本存量加存货）为分母的利润率定义方式为许多学者所认可和沿用，韦斯科普夫（Weisskopf, 1985）、沃尔夫（Wolff, 1988）和莫斯里（Moseley, 1991）等学者称之为"经典利润率"。韦斯科普夫（Weisskopf, 1985）认为对于资本所有者而言，这种利润率比（难以观测的）剩余价值率以及"区分生产性劳动和非生产性劳动的利润率"更为重要，它能够直接影响资本所有者的经济行为。[①]

在吉尔曼之后，许多马克思主义学者继续致力于利润率的经验考察。按照在定义利润率时是否区分生产性劳动和非生产性劳动，可以将这些学者的研究归为两类。在做出区分的研究中，梅基（Mage, 1963）、谢克和托纳克（Shaikh and Tonak, 1994）以及国内学者高峰

---

① 沃尔夫（Wolff, 1979）测算了用劳动时间衡量的价值利润率，莫斯里（Moseley, 1991）和高峰（2014）测算了区分生产性劳动和非生产性劳动情况下的利润率。关于在衡量利润率时是否应当区分生产性劳动和非生产性劳动、应采用价值利润率还是价格利润率，参见李亚伟和孟捷（2015）。

（2014）分别从定位非生产性支出、严格度量剩余价值和纳入可变资本的角度，对利润率进行定义。在不做出区分的研究中，克莱曼（Kliman，2012）主张以历史成本测算资本存量来衡量利润率，迪梅尼尔和列维（Duménil and Lévy，2011）则测算了五种利润率，并认为企业自留利润率更能影响企业的决策。

国内学者高峰（2014：279-304）认为，吉尔曼采用固定资本价值和存货价值之和作为利润率的分母，是相对合理的，但利润率是利润与预付总资本之比，而不仅仅是与不变资本之比。因此，他在计算1929~1984年美国制造业的利润率时，将预付可变资本也纳入利润率的分母。首先，他用增加值减去折旧作为制造业活劳动所创造的新价值，用生产工人工资加上50%的非生产雇员薪金作为生产性雇员工薪收入即可变资本，然后从新价值中减去生产性雇员工薪收入得到剩余价值。其次，他取制造业各年的固定资本净存量和存货之和作为预付不变资本，用制造业各年的产品价值减去制造业增加值得到年不变流动资本，接着用年不变流动资本除以存货得到流动资本的年周转次数，再用生产性雇员工薪收入除以流动资本的年周转次数得到预付可变资本，然后用预付不变资本加上预付可变资本得到预付总资本。最后，他利用剩余价值与预付总资本得到利润率。高峰对利润率的定义可以表示为：

$$\text{考虑预付可变资本的存量利润率} = \frac{\text{增加值} - \text{折旧} - \text{生产性雇员工薪收入}}{\text{固定资本净存量} + \text{存货} + \text{预付可变资本}}$$

$$(1-14)$$

物质生产部门中不直接从事生产的雇员的一部分，属于整体生产工人，也是生产劳动者。高峰把他们的薪金计入可变资本，是合理的。但是，选取50%作为比例值，存在一定的随意性，有待进一步研究。

迪梅尼尔和列维（Duménil and Lévy，2011）分析了利润率影响资本积累进而经济运行的两种主要机制：一种是刺激积累意愿，另一种是为积累提供资金。并认为，对于合适的利润率定义，需要使之能够直接通过上述机制来影响资本积累。他们测算了五种利润率：（1）马克思意义上的利润率，分子是总收入减去劳动报酬，分母是以当前成本测算的固定资本存量；（2）扣除生产税的利润率，分子是总收入减去劳动报酬和生产税，分母是以当前成本测算的固定资本存量；（3）扣除全部税收的利润率，分子是总收入减去劳动报酬和全部税收，但仍包括净利息支付，分母是以当前成本测算的固定资本存量；（4）扣除全部税收以及利息并以资产净值为分母的利润率，分子是总收入减去劳动报酬、全部税收以及净利息支付，分母是企业资产净值，即总资产减去债务；（5）企业自留利润率，分子是总收入减去劳动报酬、全部税收、净利息支付以及股息，分母是企业资产净值。

如图 1-1 所示，20 世纪 80 年代初期至 2009 年，美国非金融企业部门的前四种利润率均表现出一定程度的提高，而企业自留利润率则呈现下降的趋势。在同一时期里，美国非金融企业的资本积累率，即当前成本下的净投资与固定资本存量之比，是趋向下降的。迪梅尼尔和列维发现马克思意义上的利润率和资本积累率差别明显，前者比后者大约高五倍，而企业自留利润率和资本积累率则在量值和波动上紧密相关。

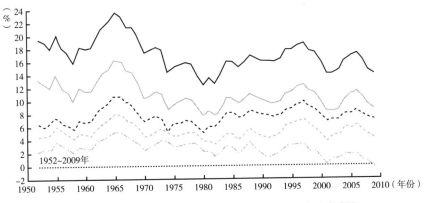

图 1-1　美国非金融企业部门的五种利润率（年度数据）

注：从上至下五条曲线分别为马克思意义上的利润率，扣除生产税的利润率，扣除全部税收的利润率，扣除全部税收以及利息并以资产净值为分母的利润率，企业自留利润率。

数据来源：Duménil 和 Lévy（2011：25）。

　　迪梅尼尔和列维首先从刺激积累意愿的视角进行分析，认为马克思意义上的利润率不能决定投资行为，因为企业必须缴税。他们还比较了生产税和利润税占部门增加值的份额，发现对于 1952~2009 年的美国非金融企业部门而言，前者保持在 10% 的水平大致不变，而后者则在 1952~1982 年从 10% 剧烈下降到 3%，之后才较为稳定。因此，他们认为在利润率公式分子中只扣除生产税而不扣除利润税的做法，是具有误导性的和不可理解的。

　　然后，他们从为积累提供资金的视角进行考察。发现对于 20 世纪 80 年代初期至 2009 年的美国非金融企业部门而言，自留利润与总税后利润之间的差距，呈增大的态势；同时，股息在（扣除利息后的）税后利润中所占的比重，在 80 年代初期突然提高，且之后维持在较高水平。他们将此归因于 2000 年之前较高的实际利息率，以及新自由主义的公司治理制度致使税后利润更多地成为股息，从而不利于投资。所以，他们认为企业自留利润率决定积累率，因而是衡量资本积累的合适指标。① 迪梅尼尔和列维的研究，为资本积累金融化背景下的利润率研究提供了有益的参考。

　　利用资产净值来衡量利润率的做法，也为许多马克思主义学者（Duménil and Lévy，2004；Kotz，2009，2011；Bakir and Campbell，2013；Bakir，2015）所采用。比如，科茨（Kotz，2009，2011）在将利润率作为资本积累的决定因素进行着力分析时，将利润率界定为税后利润与资产净值之比，并计算了美国非金融企业部门的利润率。

　　这些关于利润率的经验界定的研究，为在资本积累金融化背景之下

---

　　① 迪梅尼尔和列维的企业自留利润率与谢克的企业利润率不同。谢克将利润率定义为支付利息和利润税之前的利润与年初固定资本存量（当前成本）之比。他发现，美国非金融企业的利润率在 1947 年之后的 35 年里呈现下降趋势，而在 1982~2007 年，实际工资相对于劳动生产率而言增长减缓，逆转了利润率的下降模式，使之保持平稳；利润率稳定，而利息率剧烈下降，造成作为资本积累核心驱动力的企业利润率（即利润率与利息率的差额）大幅度提高，这就是 20 世纪 80 年代开始的繁荣的秘密。谢克的这种企业利润率，并不能直接解释趋向下降的资本积累率。按照迪梅尼尔和列维判断利润率定义的标准，这种企业利润率不是一个好的指标。参见谢克（2014）。

量度利润率打下了基础，尤其是有助于以一致的利润率衡量方式测度并比较虚拟经济和实体经济的利润率。

二　马克思虚拟资本理论和虚拟经济的经验界定

（一）基于虚拟资本理论的五种虚拟经济定义

马克思对虚拟资本的分析，为"虚拟经济"范畴奠定了基础。[①] 虽然国内多位学者的研究均基于马克思的虚拟资本理论，但是他们关于虚拟经济的理论界定和经验界定，至少存在以下五种不同的观点。

（1）将虚拟经济界定为，与实物经济相对应的、以虚拟资本的交易和发展为特征的经济。李翀（2003）认为"实物经济是指以商品生产和交换为特征的经济，虚拟经济则是以虚拟资本的交易和发展为特征的经济"。其中，虚拟资本与实物资本相对应，实物资本是直接投入生产过程的、本身具有价值的资本，虚拟资本则是凭借某种权利参加剩余价值的分配而形成的、代表一定的价值但本身没有价值的资本。在这种界定方式之下，经济的虚拟化被视作市场经济体制发展的一种趋势，信用货币的产生、有价证券的出现和衍生金融工具的发展，则分别标志着经济虚拟化的萌芽、开始和深化。李翀认为，随着虚拟资本发展到一定程度，资本的价值变得越来越虚拟，资本的运动越来越远离直接的生产过程，经济就虚拟化了，虚拟化的经济就是虚拟经济。

（2）将虚拟经济界定为，利用某种市场客体的价格涨落进行增殖的活动及相关活动所构成的相对独立的经济活动系统。张俊山（2019）认为虚拟经济的核心内容是投机活动，是一部分资本特有的价值增殖方式，即通过某种市场客体的价格持续上涨，使资本能够通过买卖此类客

---

① 基于虚拟资本的"虚拟经济"（fictitious economy），不同于以信息技术为依托的经济活动（虚拟经济 virtual economy），也不同于利用计算机进行模拟的经济活动（虚拟经济 visual economy），参见冯金华（2019）、刘晓欣和刘骏民（2020）。

体而实现价值增殖；虚拟经济没有生产过程，仅以某种市场客体的价格涨落为条件，进行资本的价值增殖，而且在价格涨落中，上涨是总趋势从而能够吸引货币资本的持续投入。在虚拟经济的经验界定方面，张俊山指出，虚拟经济不是一个部门概念，而是一个在一定条件下产生的相对独立的资本价值增殖体系，与虚拟经济相对应的实体经济，是以物质生产为中心的生产、流通和融通体系，构成了健康的国民经济机体，而虚拟经济则并不是健康国民经济体系的一部分。

（3）将虚拟经济界定为，经营虚拟产品的经济活动。冯金华（2019）认为实体产品的根本特征是具有"自然属性的使用价值"（即基于几何的、物理的、化学的或者其他任何物体属性的使用价值），并以之直接或间接地满足人们的物质需要和精神需要。他进而将实体经济界定为"生产或交换具有自然使用价值的产品的经济活动"，将虚拟产品界定为除实体产品以外的其他一切产品，将虚拟经济界定为涉及经营虚拟产品的经济活动。冯金华将虚拟产品分为三类，即虚拟化的实体产品（如房地产以及被炒作的大蒜、生姜、绿豆等产品）、货币（黄金、纸币、银行存款、电子货币等）和虚拟资本（包括股票、债券、期货、期权和金融衍生产品）。在虚拟经济的经验界定方面，冯金华指出，实体经济与虚拟经济在现实中总是交织在一起，为方便起见，将主要经营（生产或买卖）虚拟产品的行业叫作虚拟经济行业，囊括银行业与证券业在内的整个金融业均能够被视为虚拟经济行业，不过在虚拟经济行业中也有实体的经济活动，比如以高楼大厦为载体的不变资本和以从业人员为载体的可变资本，就是虚拟经济行业中的实体部分。

（4）将虚拟经济界定为，以资本化定价为基础的经济运行方式。刘晓欣和刘骏民（2020）认为："虚拟经济是以资本化定价为基础的一种经济运行方式，虚拟经济的本质是价值增殖过程的相对独立化。既包括完全脱离了物质生产过程的价值增殖，也包括部分脱离物质生产过程的价值增殖活动。一般来说，从短期看，虚拟经济的典型现象是以资产价格上涨为主的泡沫经济；从长期看，则是以资产数量扩张以及资产规模扩张为主的经济虚拟化。"在虚拟经济的经验界定上，他们认为虚拟经济的主要活动包括"金融业、房地产业"（不包括建筑业），并指出这是虚拟经济研究的一个"共识"。刘晓欣和张艺鹏（2019）利用投入产出表，依据国家标准《国民经济行业分类》（GB/T 4754—2017）和国际标准《产业分类》（ISIC Rev.4），将经济活动分成第Ⅰ类实体经济（以制造业为核心）、第Ⅱ类实体经济（以服务业为核心）与虚拟经济（以金融业和房地产业为核心）。

（5）对（从虚拟资本衍生出的）"虚拟经济"是否存在提出质疑。张衔和钟鹏（2021）着力区分了虚拟资本和有息证券，认为"有息证券本身并不是虚拟资本，有息证券的价格或资本价值才是虚拟资本"，"虚拟资本是在生息资本基础上产生的、没有任何物理载体的、观念的、幻想的或虚构的资本，而这个资本又只是在确定生息资产交易价格时才产生，并且只是作为产生这一观念资本的生息资产的价格才能表现出来"。他们认为虚拟资本的作用仅是作为定价工具为有息证券确定交易价格，虚拟资本只是一种定价方式，因此从虚拟资本衍生出的虚拟经济的存在性值得怀疑。在虚拟经济的经验界定上，他们认为虽然将虚拟经济视作一种以资本化定价为基础的、主要包括金融业和房地产业的经济运行方式的看法，具有共识性，但是资本化定价不是金融业和房地产业的唯一定价方式，它仅适用于进入投机市场的有息证券或者其他金融产品，而金融业和房地产业既服务于实体经济部门又服务于金融和房产的投机，将金融业和房地产业均视作虚拟经济是不够科学的。

（二）虚拟经济的经验界定

厘清上述关于虚拟经济范畴的争议，需要回归到马克思对虚拟资本的分析。从马克思对虚拟资本的分析和后续学者的相关研究中，可以梳理出以下特点。

第一，虚拟资本概念并不是马克思创造的，而是一个已经存在的概念，马克思的贡献在于采用这一概念并对它做出了深刻的分析。值得指出的是，马克思在《资本论》中引用的一些关于虚拟经济的论述，并不是马克思本人的论述，比如："融通票据，就是人们在一张流通的汇票到期以前又签发另一张代替它的汇票，这样，通过单纯流通手段的制造，就创造出虚拟资本。"① 这是马克思引用的威·利瑟姆在《关于通货问题的书信》（1840年伦敦增订第2版）中的论述，不宜将之当成马克思本人的论述。

第二，虚拟资本产生于生息资本的运动形式。马克思论述道："生息资本的形式造成这样的结果：每一个确定的和有规则的货币收入都表现为一个资本的利息，而不论这种收入是不是由一个资本生出。货币收入首先转化为利息，有了利息，然后得出产生这个货币收入的资本。同样，有了生息资本，每个价值额只要不作为收入花掉，都会表现为资本，也就是都会表现为本金，而同它能够生出的可能的或现实的利息相对立。"② 在生息资本的运动中，每一个确定的和有规则的货币收入都被看作一个由资本生出的利息，根据利息率可推算产生该货币收入的资本，这种资本作为一种纯粹幻想的观念，就是虚拟资本。

第三，有价证券是虚拟资本的存在方式，有价证券的价格或资本价值是虚拟资本的表现形式。马克思论述道："银行家资本的最大部分纯粹是虚拟的，是由债权（汇票），国债券（它代表过去的资本）和股票（对未来收益的支取凭证）构成的。在这里，不要忘记，银行家保险箱内的这些证券，即使是对收益的可靠支取凭证（例如国债券），或者是现实资本的所有权证书（例如股票），它们所代表的资本的货币价值也完全是虚拟的，是不以它们至少部分地代表的现实资本的价值为转移的；既然它们只是代表取得收益的要求权，并不是代表资本，那么，取得同一收益的要求权就会表现在不断变动的虚拟货

---

① 马克思：《资本论》（第3卷），人民出版社，2004，第451页。
② 马克思：《资本论》（第3卷），人民出版社，2004，第526页。

币资本上。"① 汇票、国债券和股票等有价证券，均是虚拟资本的存在方式，有价证券根据收入资本化而确定的价格或资本价值，是虚拟资本的表现形式。

第四，基于马克思虚拟资本理论的虚拟经济范畴，在理论上不是一个部门概念，在经验考察中则因便利性的需要而常以部门来近似界定。张俊山（2019）指出，虚拟经济是在一定条件下产生的相对独立的资本价值增殖体系。冯金华（2019）指出，虚拟经济涉及所有经营虚拟产品的经济活动，实体经济与虚拟经济在现实中是交织在一起的，制造业企业可能会在证券市场上买卖股票，实体产品（比如大蒜、生姜、绿豆等）可能会虚拟化，而银行业也有高楼大厦等实体的资本。然而，在经验考察中，将虚拟经济界定为主要包括金融业和房地产业，却成为虚拟经济研究的一个共识（刘晓欣和刘骏民，2020；张衔和钟鹏，2021）。冯金华（2019）也指出，为方便起见，可将主要经营（生产或买卖）虚拟产品的行业叫作虚拟经济行业，整个金融业都可以看成虚拟经济行业。

卫兴华和孙咏梅（2009，2011）在分析国际金融危机的特点和根源时，着力考察了虚拟经济和实体经济的关系，指出金融危机爆发的根源之一，就在于虚拟经济严重脱离实体经济而过度膨胀，金融业是虚拟经济的主要代表。卫兴华和侯为民（2010）在分析国际金融危机的发展趋势及其对我国经济的影响时，指出虚拟经济具有为实体经济动员资金、提供融资支持和帮助转移风险等积极作用，但虚拟经济的过度膨胀必然带来鼓励投机、加大经济的波动和增强经济的脆弱性等负面效应，有必要在实体经济发展的基础上发展虚拟经济并加强金融监管。

从马克思的虚拟资本理论和相关学者关于虚拟经济的研究中，能够看出以下几点。第一，有必要区分虚拟经济和实体经济，并深入考察二

---

① 马克思：《资本论》（第3卷），人民出版社，2004，第532页。

者之间的关系。第二，在理论研究中，虚拟经济和实体经济不是部门范畴；而在经验考察中，为了考察的便利，可以将主要从事虚拟经济的部门作为虚拟经济部门。第三，在经验考察中，虚拟经济常被界定为包括金融业和房地产业，以金融业为主要代表。卫兴华和孙咏梅（2009）指出，金融业是虚拟经济的主要代表。张衔和钟鹏（2021）指出，房产本身是有价值和使用价值的商品，房产的价格不是由房产收入的资本化决定的，将房地产业归入虚拟经济，有其局限性。

为了分析美国金融企业部门的利润率，已有研究多采用或者参照国民收入和产品账户（NIPA）以及北美产业分类体系（NAICS）对金融企业部门的界定。《中国国民经济核算体系（2016）》将常住机构单位划分为非金融企业部门、金融机构部门、广义政府部门、为住户服务的非营利机构部门和住户部门。在接下来的经验考察中，本书参照《中国国民经济核算体系（2016）》尤其是资金流量表的相关数据，将去掉中央银行之后的"金融机构部门"称为"金融企业部门"，以便与"非金融企业部门"相对应。

基于马克思的理论以及相关学者的研究，本书在经验界定虚拟经济时，以金融企业部门作为虚拟经济部门，利用非金融企业部门作为实体经济部门，来展开对虚拟经济和实体经济利润率的比较分析。关于平均利润率的考察，有赖于对利润率平均化过程的分析。如果将"虚拟经济"界定为金融业和房地产业，那么整体研究虚拟经济的利润率，就需要考察金融业和房地产业之间是否能够实现利润率的平均化。由于数据的限制，难以利用长时期连贯一致的数据对利润率平均化过程进行考察。鉴于将房地产业直接归入虚拟经济，有其局限性，因而本书以金融企业部门来代表虚拟经济，以非金融企业部门来近似代表实体经济。这样有助于利用现有数据进行较为清楚的测算。但是，也有必要认识到在这种界定之下，实体经济包含一部分虚拟经济的成分，比如对房产、大蒜、生姜等的炒作，不过与整个实体经济相比，此部分占比相对较小。

三　利润率经验考察的理论参鉴

（一）马克思主义的三种利润率长期波动理论及其局限

马克思在关于利润率趋向下降规律的论述中，尝试分析生产力提升与平均利润率长期趋势的关系。然而，长波现象的客观存在，给以利润率趋向下降规律为重要组成部分的马克思主义理论带来挑战。马克思主义经济学家曼德尔（1983，1998）认识到并回应了这一挑战。他指出，马克思主义经济分析结构面临的真正问题，是能否运用马克思主义经济分析的指标工具来解释平均利润率在某些特定历史转折时期的长期高涨。曼德尔的长波理论开创了两个传统：一个是采用马克思主义经济分析的指标工具进行分析，他采用的指标工具包括资本有机构成、剩余价值率、资本周转速度等；另一个是以平均利润率作为分析长波的标靶，通过分析平均利润率的变动来阐释长波。曼德尔的这两个长波分析传统，为谢克、迪梅尼尔和列维等马克思主义者所沿袭。曼德尔（1983，1998）、谢克（Shaikh，1992，2016）以及迪梅尼尔和列维（Duménil and Lévy，2016）分别给出了一种基于利润率分析的长波理论。

曼德尔（1983，1998）认为，任何马克思主义的长波理论，都只能是资本积累理论，也就是利润理论。他构建了一个不对称的利润率长波理论，从扩张长波向萧条长波的转变是内生的，而从萧条长波向扩张长波的转变则需要利用外生变量进行解释。他指出，在"总体资本"的抽象层次能够解释平均利润率的连续下降，却不能解释平均利润率的突然长期上升，后者只能结合具体的发展形式（"许多资本"的所有具体形式和矛盾）进行解释。资本运动规律的内在逻辑能解释扩张长波向萧条长波的转变，但不能解释萧条长波向扩张长波的转变，平均利润率的下降不会自动产生出现利润率重新高涨的可能。

曼德尔采用五个因素来解释平均利润率的突然上升，即剩余价值率的急剧上升、资本有机构成增长率的急剧下降、资本周转的突然加速、剩余价值的大量增加以及资本向某些国家（某些部门）的流动。当五个因素中的几个或全部以同步的方式发挥作用，并由此克服平均利润率的长期下降时，平均利润率将出现急剧的上升。同时，曼德尔也指出，超经济的因素引发萧条长波向扩张长波的转变，但是转变的动态持续过程只能由资本运动规律的内在逻辑来解释，技术革命是其中的重要因素。

曼德尔的"不对称的"长波理论，有力地解释了从扩张长波到萧条长波的转变，却依赖超经济的外生因素来解释从萧条长波到扩张长波的转变。有必要对曼德尔提出的批评是，不能由于受到社会和制度环境的影响，而忽视经济内生机制的作用；不能因为社会机构和制度结构的作用，而否定技术革命所带来的长期趋势：二者不能互相否定。

曼德尔的长波理论基于利润率的上升和下降运动，而谢克（Shaikh，1992，2016）则认为马克思的利润率长期下降理论为长波理论奠定了一个自然的基础。谢克区分了实际利润率与基本利润率，后者指在标准产能利用率下的利润率，并被认为是马克思利润率趋向下降规律所适用的利润率。在一个长期波动区间内，基本利润率长期下降，利润量则先上升后下降。基本利润率长期下降，源自资本物化构成的上升。资本物化构成的倒数是最大化利润率，随着资本物化构成的长期提升，最大化利润率长期下降，即使剩余价值率提高，利润率的变动空间也会被长期压缩，即利润率有长期下降的趋势。

在下述表达式中，r 是利润率，m 是利润（剩余价值），C 是资本存量，L 是活劳动数量，v 是可变资本。m/v 是剩余价值率，C/L 是资本物化构成。$m/(v+m)$ 大于 0 小于 1，因此 L/C 为最大化利润率。

$$ r = \frac{m}{C} = \frac{m}{L} \cdot \frac{L}{C} = \frac{m}{v+m} \cdot \frac{L}{C} = \frac{m/v}{1+m/v} \cdot \frac{L}{C} \qquad (1-15) $$

利润量取决于利润率和资本量，资本量不断增加，而基本利润率则不断下降。利润率虽然不断下降，但在长波的初始时期处于高位，随着资本量的增加，利润量增加，带来长波的上升阶段。随着基本利润率的继续下降，资本量的增加给利润量带来的正效应，不足以弥补利润率下降带来的负效应，利润量转为下降，开启长波的下行阶段。谢克强调，在马克思的利润率下降理论里，长波阶段的转化与利润量的运动相关，而不是与利润率的运动相关。基本利润率在长波上行阶段初期上升，然后就在接下来的长期上升阶段和长期下行阶段里，一直下降。

谢克认为，一个好的产能利用率指标需要能够同时表现产能利用状况的短期波动和中长期波动，而常用的产能利用率指标（如美联储的产能利用率）往往只侧重于刻画产能利用状况的短期波动。谢克基于福斯的电动马达利用指数和麦格劳-希尔调查数据，重新测算了产能利用率数据，并使用它对实际利润率进行调整，得到基本利润率。谢克基于他的利润率长波理论，解释了1899~1984年美国经济的两次长波。

对于谢克的利润率长波理论，有两点质疑。（1）基本利润率不能够直接影响资本所有者的积累决策，采用基本利润率作为一般利润率的衡量指标，排除了需求因素或者说剩余价值实现的困难带给一般利润率的影响。孟捷（2001：112-114）指出，谢克将实际利润率分解为基本利润率和扰动因素，事实上切断了一般利润率和资本积累现实动态之间的联系。（2）产能利用率作为一个有长期趋势的因素，在分析利润率的长期影响因素时，不应被剥离。从谢克（Shaikh，1992：182）给出的产能利用率图形来看，产能利用率在1899~1929年呈现先上升后下降的趋势，在1947~1984年（或者1929~1984年）也呈现先上升后下降的趋势。而且，谢克着力于构建的产能利用率指标正是一个试图包括短期、中期和长期趋势的指标，它相对于美联储产能利用率指标的优势，就在于能够展现产能利用率的长期趋势。

迪梅尼尔和列维（Duménil and Lévy，2016）将1870~2014年的美国经济发展划分为五个阶段，包括三个马克思意义上的利润率下降阶段以及两个反转阶段。他们区分出生产力与生产关系互动的两种机制：一种是常规型互动，固定资本使用的增加带来高昂的成本，反映为资本生产率和利润率的下降趋势；另一种是革命型互动，技术革命引发资本生产率和劳动生产率的同时上升，利润率上升。

迪梅尼尔和列维指出，在三个利润率下降阶段里，生产力与生产关系的互动属于常规型互动，马克思的理论具有解释力。两个反转阶段里出现革命型互动，迪梅尼尔和列维基于管理革命进行解释。迪梅尼尔和列维将利润率的长期波动区分为不同的发展阶段，并利用经济体的内生因素（管理革命）给出解释，尝试给出一个内生性的解释框架。曼德尔、谢克以及迪梅尼尔和列维的相关思想可梳理为如表1-1所示。

表1-1　曼德尔、谢克以及迪梅尼尔和列维关于利润率长期波动的思想

理论提出者	长波的描述	长波的时期划分	长波的解释
曼德尔（1983，1998）	平均利润率上升和下降	1789~1848年：上升期1789~1825年，下降期1825~1848年；1848~1893年：上升期1848~1873年，下降期1873~1893年；1893~1913年：整个时期都处于上升状态；1913~1940年：整个时期都处于下降状态；1940(48)~?年：上升期1940(48)~1967年，下降期1967~?年	内生因素导致长波由上升转变为下降；外生因素导致长波由下降转变为上升
谢克（Shaikh，1992，2016）	基本利润率持续下降，利润先上升后下降	1899~1929年，基本利润率长期下降；1929~1947年，基本利润率大致平稳；1947~1984年，基本利润率长期下降	资本物化构成长期上升，压缩基本利润率的变动空间
迪梅尼尔和列维（Duménil and Lévy，2016）	平均利润率长期下降，或者平均利润率长期上升	1870~1910年，平均利润率趋于下降；1910~1963年，平均利润率趋于上升；1963~1986年，平均利润率趋于下降；1986~2004年，平均利润率趋于上升；2004~2014年，平均利润率趋于下降	三个下降阶段，马克思主义理论；两个反转阶段，管理革命

曼德尔、谢克、迪梅尼尔和列维等马克思主义学者关于利润率长期波动的研究，各有其解释力，但没有充分地解决下述两个问题。（1）利润率扩张长波、萧条长波与技术革命的关系。（2）如何从"总体资本"层面的分析转向"许多资本"层面的分析。曼德尔指出

在"总体资本"层面考察利润率难以解释利润率的长期繁荣，因此需要在"许多资本"层面进行分析。资本积累金融化的背景下，更有必要在"许多资本"层面区分生产资本与金融资本，对二者之间的关系进行着重考察。新熊彼特主义学者佩蕾丝的相关研究，有助于解决这两个问题。

（二）技术革命生命周期模型与资本自动回归实体经济

佩蕾丝（Perez，1983，2010）以"技术-经济范式"为核心范畴，构建了一个分析经济和社会体系结构变革的技术革命生命周期模型。她把经济体系视作一个集合为一的复杂结构，并将之划分为技术-经济次体系和社会-制度次体系。技术-经济次体系往往比社会-制度次体系变动得更快。长波是整个体系演化的连续阶段，佩蕾丝将之称为连续的发展浪潮。利润动机（通过新投资提高生产率和期望利润）作为生产领域创新的发生器，是体系变动的根源。每个发展浪潮形成于对特定技术-经济范式的回应。

技术-经济范式，被界定为"经济上的"最佳惯行方式。技术-经济范式的特定历史形式，演化自一些核心技术的发展，它们导致了产业的相对成本结构的一系列变革，同时创造了受益于这种变革的广泛的新机遇。佩蕾丝假设经济、社会和制度之间有很强的反馈互动，产生出围绕技术-经济范式的一种动态的互相作用。康德拉季耶夫长波的上升期由这种互相作用的和谐演化所维持和刺激，直至技术-经济范式达到它提升生产率和利润的潜力极限。

技术-经济范式的重要物质基础是关键生产要素（弗里曼称之为核心投入）。关键生产要素具有四个特征，即明显感知到的、低的和下降的相对成本，对所有实际用途的无限供给，潜在的普遍性（无处不在的广泛性），以及降低资本、劳动和产品的成本并且在数量上改变它们的能力。佩蕾丝还强调，技术革命有其内生性，其中利润动机起到诱发作用，并认为有必要区分创新与发明，创新是可盈利的，利润动机驱使将发明转化为创新。

佩蕾丝（2007：33-40）专门探讨了金融资本在技术-经济范式演化过程中的作用。她认为，金融资本与生产资本的区分，让金融资本能够不受盛行范式的束缚，而且金融资本在范式耗竭期内拥有的闲置资金又促使他们甘愿冒高风险进行投资，结果就是金融资本愿意为盛行范式的"外来者"提供资金，促进新的技术-经济范式的扩散，并在此过程中可能获取高额的收益。

在利润率长期波动方面，佩蕾丝的研究颇有可借鉴之处。（1）社会-制度结构和技术-经济范式之间的动态互动，解释了长波的上升和下降。（2）技术-经济范式的变迁和社会-制度结构的演变，决定了一些与利润率相关的指标具有阶段性趋势。在技术-经济范式的扩散阶段，资本品相对价格先下降后上升，产能利用率先上升后下降，资本技术构成、劳动生产率上升，资本技术构成的上升速度逐渐地高于后者。（3）金融资本和生产资本在发展浪潮（长波）的不同阶段里，可能有着不同的互动关系和利润率表现。

在佩蕾丝（2007：79-88）那里，金融资本以货币形式或其他账面资产形式持有财富并追求财富增殖，生产资本则借由生产产品或者提供服务而创造财富。生产资本利用金融资本提供的资金进行生产，并与金融资本分享收益。利用自有资金进行生产的资本，既是生产资本，又是提供资金的金融资本。

佩蕾丝刻画的发展浪潮包括导入期和展开期，导入期包括爆发阶段和狂热阶段，展开期包括协调阶段和成熟阶段。在四个阶段里，金融资本与生产资本有着不同的互动。在爆发阶段，随着新兴的生产资本逐渐显现盈利潜力，金融资本追随而至，在此阶段里，金融资本发挥着促进技术-经济范式形成与扩散的作用。在狂热阶段，随着资产账面价值的膨胀，金融资本从追随者转变为相信自身能够创造财富的局势掌控者，他们对股票价格的关注超过对企业实际利润的关注，生产资本被迫去迎合金融资本。随着资产泡沫的破裂，资产的账面价值重新回归真实价值。在协调阶段，金融资本重新回归生产支持者的角色，支持和促进生产资本的财富创造。在成熟阶段，生产资本面临生产率与市场的约束，盈利能力可能减弱，金融资本转而去寻找其他有利可图的领域。

按照佩蕾丝的架构，在每次发展浪潮的爆发阶段和协调阶段里，金融资本与生产资本相耦合，资金由金融领域流向实体领域。而在狂热阶段里，随着资产账面价值的膨胀，金融资本似乎能够依赖自身而创造比生产资本更高的收益，资金可能由实体领域流向金融领域。在成熟阶段里，生产资本的利润率可能出现下降，金融资本可能将资金转入金融领域或者其他的实体领域。也就是说，在佩蕾丝的框架内，资金由实体领域转向金融领域，或者由金融领域转向实体领域均是阶段性的现象，对于生产资本而言，只要顺应技术革命的发展和技术-经济范式的变迁，即可由狂热阶段里的资金的流出，转变为协调阶段里的资金流入；由成熟阶段里的资金流出，转变为爆发阶段里的资金向新兴生产领域的流入。

佩蕾丝的模型富有创造力和启蒙性，但也有其局限。孟捷（2011）区分了长波的两种含义，一种是作为分析性概念的长波，另一种是作为特定历史阶段的长波，认为佩蕾丝并没有充分体认到这两种长波的区别，将本应属于特定历史阶段的因素纳入了分析性框架。正如弗里曼所言，佩蕾丝的技术革命生命周期模型"并非一个还原论的模型，而是一种理清和考察历史进程的方法，其目的在于阐明某些一再发生的趋势"。[①] 佩蕾丝模型中阐释的技术-经济范式与社会-制度结构的互动、金融资本与生产资本的互动，是具有解释力的，但在不同的历史阶段里可能有着不同的表现形式，历史的复杂性意味着佩蕾丝的模型有必要与每个历史阶段的具体事实相结合。

---

① 参见佩蕾丝（2007）中的第4页，克里斯·弗里曼为《技术革命与金融资本》所做的序言。

四　小结

本章探讨了对利润率和虚拟经济的经验界定。在马克思之后,"利润率的理论研究"有着多方面的深入探讨,"利润率的经验考察"也有着多视角的大量研究。本章在梳理相关研究的基础上,考察了利润率经验界定方式的演变,为后续章节在区分虚拟经济和实体经济的角度下界定利润率打下了基础。

相关学者围绕虚拟经济的研究,虽然均基于马克思的虚拟资本理论,却有着不同的虚拟经济范畴定义方式。回归马克思的论述对这些研究进行审视,发现虚拟经济在理论上并不是部门范畴,而在经验考察中,却常被界定为主要从事虚拟经济活动的部门。本书也因而在经验考察中,将虚拟经济界定为金融企业部门,与之相对应,将实体经济界定为非金融企业部门。

利润率长期波动的理论,有助于为利润率的经验考察提供理论参鉴。在资本积累金融化的背景之下,在长波架构内对利润率的分析,以及对金融资本与生产资本之间互动关系的考察,有助于让利润率的经验考察更加深入。曼德尔的利润率长期波动理论利用内生经济因素强有力地解释了从扩张长波向萧条长波的转变,却依赖于外生变量解释从萧条长波向扩张长波的转变。谢克以及迪梅尼尔和列维的利润率长期波动理论,虽然分别尝试对利润率的上行阶段进行解释,但基于利润率趋向下降规律对利润率下行阶段的解释明显更具有说服力。曼德尔、谢克、迪梅尼尔和列维等学者关于利润率长期波动的理论,有着不同的理论基础和关注面向,但均表明利润率在长期或者说在历史发展的不同阶段之间有波动的态势,而在长波架构内的较长时段里,则可能呈现单向的明显趋势。因此,在针对较长时段的经验研究中,有必要对可能的利润率单向趋势进行分析,马克思的利润率趋向下降规律能够提供一种具有解释力的理论支撑。

佩蕾丝对技术革命和技术-经济范式的分析，有助于为曼德尔等马克思主义学者的长期波动理论提供补充，促使形成对利润率长期波动的一个内生解释。利润率趋向下降规律能够有力地解释扩张长波向萧条长波的转变，而技术-经济范式的扩散和确立则有助于解释扩张长波的形成。金融资本与生产资本在发展浪潮的不同阶段里有着不同的互动关系。伴随着技术革命的出现或者资产泡沫的破裂，金融资本会重新与生产资本相耦合，资金可能会自动地从虚拟经济领域流向实体经济领域。每一个经济发展阶段均有其具体的因素，佩蕾丝的技术革命生命周期模型及其对金融资本与生产资本互动的阐释，有必要与特定阶段的历史事实相结合，这是后续研究的一个可能方向。不过从佩蕾丝的研究中能够体认到，对技术进步的促进有可能顺应技术革命的发生与发展，促进资本自动回归实体经济。

第二章　中国整体经济的利润率和资本积累

在马克思主义经济学视野下，平均利润率是反映资本盈利环境的核心指标。2008年国际金融危机的爆发，引起了从利润率视角考察危机的新一轮热潮。危机之前的平均利润率动态是进一步分析与探讨的基础，然而关于平均利润率的经验测算却出现了两个矛盾。第一，学者们对同一经济体同一时期的平均利润率进行衡量，得到了量值不同的衡量结果，甚至变动趋势也截然相反。针对自20世纪80年代以来的美国经济，迪梅尼尔和列维（Duménil and Lévy，2011）、莫斯里（Moseley，2013）等学者度量的平均利润率趋于上升，而克莱曼（Kliman，2012）、弗里曼（2013）等学者得到的平均利润率则趋向下降。第二，许多学者度量的平均利润率与积累率，从20世纪50年代到80年代初期有着比较符合理论预期的一致动态，然而自20世纪80年代以来却出现了明显的背离（Bakir and Campbell，2010）。在这两个矛盾之下，利润率的经验界定及其与积累率的关系，成为此轮利润率研究热潮的一个焦点。

本章尝试在分析利润率与资本积累相互作用的基础上讨论利润率的经验界定，并对中国经济进行考察。首先，梳理平均利润率的经验定义及相关争论，并结合利润率影响资本积累的两种机制比较不同的平均利润率指标；其次，考察利润率与资本积累的相互作用，分析在其中发挥重要作用的调整资本和调整利润率；最后，对改革开放以来的中国经济进行经验考察，衡量平均利润率、调整利润率、积累率及其他相关指标，探讨中国的经济增长。

一　围绕平均利润率经验定义的相关争论

马克思阐释了从剩余价值率向利润率的转化[1]，在资本所有者的心目中，预付不变资本和预付可变资本是混同在一起的，资本所有者获取收益的程度不是取决于利润与可变资本之比（剩余价值率），而是取决于利润和总资本之比（利润率）。马克思主义经济学所分析的利润率，通常指平均利润率。不同部门中占统治地位的利润率，通过竞争而平均化为平均利润率（一般利润率）。平均利润率因而成为一个能够衡量社会总资本盈利环境的宏观指标。

在马克思之后的一段时期内，由于数据的限制，学者们对利润率的分析以定性探讨为主。20世纪50年代，美国学者吉尔曼（Gillman，1957：33-85）开拓性地对利润率长期动态进行经验考察，基于马克思主义利润率的理论定义发展出经验定义，并测算了美国制造业1880~1952年的利润率。他的利润率经验定义式有如下特点。（1）利用资本的存量作为利润率的分母。他分析了利用资本流量（即当年耗费的资本）衡量的利润率，发现这种测算方式不符合马克思主义利润率的定义。随着机械化水平的攀升，固定资本在全部资本中所占的比重越来越高，当年耗费的资本只相当于全部资本的一部分。（2）只测算不变资本存量，忽略可变资本存量。因为难以准确衡量可变资本的周转速度，而且预付可变资本比预付不变资本小很多。（3）采用"当前价格下的厂房和设备再生产成本扣除折旧"作为固定资本存量。由于利润和工资均以当前价格计算，不变资本也应以当前价格计算。（4）采用存货作为不变流动资本存量。存货中包括尚未出售的制成品，但其比重在不同

---

[1]　马克思：《资本论》（第3卷），人民出版社，2004，第50~51页。

时期不会大幅度变动，因而它们的存在带来的误差不大。（5）利用"扣除生产工人工资和折旧以后的增加值"衡量利润（剩余价值），并作为利润率的分子。

吉尔曼分别采用以固定资本存量为分母和以固定资本存量加存货为分母的两个定义式，衡量了美国制造业在1880~1952年的利润率，发现二者的趋势基本一致：在1880~1919年显著下降，在1919~1952年波动上升。吉尔曼的这类定义方式为许多学者所认可和沿用，韦斯科普夫（Weisskopf，1985）、沃尔夫（Wolff，1988）和莫斯里（Moseley，1991）等学者称之为"经典利润率"。韦斯科普夫（Weisskopf，1985）认为对于资本所有者而言，这种利润率比（难以观测的）剩余价值率以及"区分生产性劳动和非生产性劳动的利润率"更为重要，它能够直接影响资本所有者的经济行为。

如果考虑政府的税收和转移支付，从资本所有者的视角来看，净税收（即税收减去转移支付）属于企业向政府缴纳的部分，不是企业的收益。一些学者在分析利润率的过程中将税收从企业的利润中扣除。迪梅尼尔和列维（Duménil and Lévy，2011）采用吉尔曼的定义式衡量了1952~2009年美国非金融企业部门的利润率，并依次从利润中扣除生产税、利润税，由此得到三个具体表达式。这三种利润率呈现相似的波动和趋势。从20世纪50年代至60年代中期，利润率趋向于上升；60年代中期至80年代初期，出现明显的下降态势；自80年代初期以来，利润率趋于回升。许多学者以此为基础来分析2008年国际金融危机的成因。莫斯里（Moseley，2013）认为，利润率在20世纪50年代初期至80年代初期明显下降，由此带来了高失业和高通胀；新自由主义体制采取了提高劳动强度、削减医疗保险、削减养老金、延迟退休、通货膨胀等一系列压低劳动收入的策略，同时又通过金融手段刺激消费，这些措施带来了利润率的修复，但此类修复只会延迟并加重经济危机。

在吉尔曼的开拓性研究之后，许多学者继续对利润率展开经验考察。除了采用利润率的经典度量方式以外，还尝试从其他的视角对利润率进行界定。关于利润率的经验衡量，存在三个方面的争论：（1）采用以劳动时间为度量单位的价值利润率，还是以货币为度量单位的价格利润率；（2）采用重置成本衡量资本存量，还是采用历史成本进行衡量；（3）是否和如何区分生产性劳动与非生产性劳动。

平均利润率的经典度量方式是采用货币衡量的价格利润率，界定利润率的另一种思路是用劳动时间衡量的价值利润率。沃尔夫和梅基均度量了价值利润率和价格利润率。沃尔夫（Wolff，1979）将利润率模型化并进行经验测算，发现价值利润率与价格利润率[①]在量值上接近但有所区别。梅基（Mage，1963：167-170）指出，引导企业投资行为进而与经济发展动力相关的，是以货币度量的投资盈利预期，而不是以劳动时间表示的投资盈利预期；价值利润率即使趋于下降，也只有在表现为价格利润率的下降时，才能引发马克思阐释的严重后果。

价格利润率通常使用当前价格下的重置成本来衡量资本存量。TSSI（历时单一体系解释）学派的代表人物克莱曼对此提出批评，主张利用历史成本测算资本存量。克莱曼（Kliman，2012）认为，不管是从资本所有者的视角来看，还是从马克思的角度来看，利润率均应是利润与资产的账面价值[②]之比，资产的账面价值才是资本所有者的实际支出，以此来衡量的利润率才能反映资本所有者的实际盈利。迪梅尼尔和列维（Duménil and Lévy，2011：37）回应克莱曼的质疑，认为在价格趋于上涨的背景下，以历史成本进行衡量会造成对资产价值的低估，历史成本利润率不能反映当前进行持续投资所能够得到的盈利状况。谢克（Shaikh，2016：259-272）也指出，利润率的分子和分母均使用当前价格，会约去价格波动对利润率造成的影响，从而将利润率转变为一个实

---

① 对于价格利润率的测算，沃尔夫除了利用与经典利润率类似的方法（市场价格）测算平均利润率以外，还采用联立方程组算法求解出一般利润率。他的向量方程式假设固定资本与流动资本的周转期均等于一年，测算出的利润率更偏向于利润与耗费资本之比，而不是马克思所定义的利润与预付资本之比。

② 资产的账面价值=购置资产时实际支付的货币-折旧及类似费用，以历史成本衡量的资产即资产的账面价值。

际的变量。克莱曼正确地指出了当前成本利润率不能够衡量单个企业家的实际盈利状况，但企业家更为关心的、能够引导企业家经济行为的，是对资产进行持续投资所能够获取的利润率，而不是在账面上已获得的实际利润率。

利润率经典度量方式没有区分生产性劳动和非生产性劳动。韦斯科普夫（Weisskopf，1979）沿用这种定义度量了 1946～1978 年美国非金融企业部门的利润率，界定出其中包含的五个周期，并尝试利用利润份额、产能利用率和产能-资本比率的变动解释利润率的趋势与波动。莫斯里（Moseley，1985）对韦斯科普夫提出批评，认为马克思是在区分生产性劳动和非生产性劳动的前提下定义剩余价值率的分子（剩余价值）和分母（可变资本），韦斯科普夫测算的利润份额，虽然在许多方面是有价值的，但不是对马克思剩余价值率概念的严密准确衡量。韦斯科普夫（Weisskopf，1985）回应道，他并不打算严格按照马克思的方式衡量剩余价值率，而是致力于研究（传统方式度量的）利润率，讨论多种马克思主义危机理论是否适用于分析战后美国经济的利润率下降趋势。

实际上，吉尔曼（Gillman，1957）在分析美国制造业利润率趋势时，已经引入对生产性劳动和非生产性劳动的区分。他发现，在第一次世界大战之后，随着垄断资本的兴起和美国制造业完成大规模的机械化，企业的规模增大、复杂性增强，监管费用提高；垄断竞争激烈，广告促销等流通费用增多。在资本所有者看来，监管费用、广告促销费用和非生产性工人的工资，属于支出而不是收益。吉尔曼从利润率分子中进一步扣除这些非生产性支出，计算出的利润率在 1919～1939 年表现为下降的态势。吉尔曼关注到利润率的衡量需同时考虑剩余价值的生产和实现，同时指出利润率分子表现的是资本所有者的收益，要从资本所有者的角度去看待，也就是说在衡量利润率时要考虑资本所有者的主观意识形式。

自吉尔曼以来，按照是否区分和如何区分生产性劳动与非生产性劳动，可将对价格利润率的经验衡量划分为三种方案。（1）区分生产性劳动和非生产性劳动，将非生产性支出定位于剩余价值的一部分，计入利润率的分子，做出区分的学者（Moseley，1985，1991；Shaikh and Tonak，1994；高峰，2014）大多采取这种方案。（2）区分生产性劳动和非生产性劳动，但将非生产性支出定位于不变资本的一部分，梅基（Mage，1963）的研究是此方案的代表。（3）不区分生产性劳动和非生产性劳动，将非生产性支出与生产性支出同等对待（Weisskopf，1979；Duménil and Lévy，2011；Kliman，2012）。

从资本所有者的主观意识形式来看，非生产性支出属于投入的成本，而不是获取的收益。方案一得到的利润率，不能直接引导资本所有者的投资行为。方案二将非生产性支出归入不变资本。方案三将非生产性支出用于生产资料的部分归入不变资本，用于雇佣劳动力的部分归入可变资本。方案二与方案三衡量的利润率，在量值上恰好一致。方案二的好处是可以进一步准确衡量剩余价值率和资本有机构成，便于阐释利润率的变动。方案三的好处则是测算方便，而且更接近资本所有者的考察方式，进而更能影响资本所有者的积累决策。

马克思指出利润率是积累的条件和动力。[①] 迪梅尼尔和列维（Duménil and Lévy，2011：22）分析了利润率影响资本积累的两种机制。第一，利润率引导投资行为，高利润率"刺激"资本所有者或企业的投资倾向，资本所有者会更多地投资于利润率高的部门，低利润率则打击投资信心。第二，利润为投资提供资金，高利润有助于融资和形成足够的现金流以保证企业行为的持续，利润率适合于评估融资环境。

结合利润率影响资本积累的两种机制，平均利润率的经验定义公式，需要采用以货币为度量单位的价格利润率形式，需要采用重置成本衡量资本存量，可以不区分生产性劳动和非生产性劳动。考虑政府净税收的利润率经典度量方式，符合资本所有者的主观意识形式，既能反映

---

① 克思：《资本论》（第3卷），人民出版社，2004，第288页。

社会总资本的积累资金来源，也能够引导资本所有者的投资行为，因而是衡量平均利润率的较好指标。

二　利润率与资本积累的相互作用

利润率引导资本的积累，资本的积累和消费则决定利润率的实现。利润率与资本积累的互相作用至少包含两个侧面。第一，利润率是资本积累的条件和动力。马克思对此做出分析，后来的学者如迪梅尼尔和列维等也展开讨论。第二，资本通过积累和消费赚取自身的利润。卡莱茨基、罗宾逊、卡尔多等后凯恩斯主义学者在此方面有深入的考察。参考相关学者（Shaikh，2008；Tsoulfidis and Tsaliki，2014；Tescari and Vaona，2014）关于调整资本和调整利润率的研究，可为资本积累与利润率的互相作用搭建一个分析框架。在此分析框架中，资本的积累经历两轮决策。

资本积累的第一轮决策，是资本在积累和消费之间进行选择，确定积累率。利润率影响积累率的大小，而积累率的大小则影响利润率的实现。

首先，边际利润率①引导资本的投资决策即积累率的确定。

已投入的资本是沉淀成本，新投入资本的相对量不是取决于全部资本的平均利润率，而是取决于新投入资本能够获取的利润率以及原有资本的利润率的变动，也即取决于边际利润率。斯威齐（2000：300 - 301）在分析垄断资本时，强调投资决定受边际利润率所支配的原理具有根本性的重大意义，他论述道："投资政策，不会是受他的总利润率所支配，或者是受追加投资本身所能获得的利润率所支配……支配他的行动的，一定是我们可以称之为边际利润率的东西，也就是在估计到新增投资会增加产量和压低价格，因而会使旧投资的利润受到削减这一事

---

① 边际利润率指平均利润率的边际值，下文中论述的调整利润率就是边际利润率的一种形式。

实以后，追加投资还能得到的利润率。"

其次，积累率的大小决定平均利润率的实现程度。

卡莱茨基（Kalecki，1954）分析了宏观经济中的利润决定，构建了一个不考虑政府的封闭经济模型。从支出的角度衡量，总国民收入等于总投资加上总消费，其中总消费包括资本所有者基于利润的消费和工人基于工资的消费；从收入的角度衡量，总国民收入等于资本所有者获取的总利润加上工人获取的工资薪酬。假设工人的消费等于他们获得的收入，可得到卡莱茨基著名的利润公式：

$$总利润 = 总投资 + 基于利润的消费$$

资本所有者只能决定投资与消费的增减，不能直接决定收益的多少。公式的右边是因，左边是果。总投资和资本所有者基于利润的消费决定了总利润，而不是相反。资本的积累与基于利润的消费，均影响利润率的实现。罗宾逊（2017：293）阐述道："从利润中支出的消费会消耗可以用于投资的财力。然而，同时，消费的减少也许不利于积累。企业家和食利者之间有两面的关系。每个企业家个别地由于给他的工人工资较少而得利，可是由于其他企业家给他们的工人工资较少以致他失去市场而受损失；同样地，每个企业家愿意自己的妻子和股东们可以少拿一些钱，以便他可以用大部分利润来投资（或者用作公积金以备供给未来的投资），而另一方面他从别人的妻子和别人的股东的支出中得利，这些人的支出引起商品市场商品价格的上涨。"

拉沃（2009：99-104；Lavoie，2014：309-312）梳理了基于卡莱茨基利润等式的进一步推导。令 π 表示总利润，I 表示名义投资支出，C_c 表示资本所有者的消费，s_c 表示资本所有者将利润用作储蓄的比例（利润储蓄倾向），则有：

$$C_c = (1 - s_c)\pi$$
$$\pi = I + C_c = I + (1 - s_c)\pi$$
$$\pi = I/s_c$$

上述第三个等式即卡尔多提出的剑桥学派短期利润公式。从此公式中可看出，（实现的）总利润与总投资成正比，与资本所有者的利润储蓄倾向成反比。将公式两边同时除以资本存量 K，得到：

$$\frac{\pi}{K} = \frac{I}{K} / s_c$$

令平均利润率 $r=\pi/K$，积累率 $\alpha=I/K$[①]，上式可变形为利润率与积累率的关系式：

$$r = \alpha / s_c$$

此关系式表明，（实现的）利润率与积累率成正比，与利润储蓄倾向成反比。资本所有者的积累和消费均有助于利润的实现，减少消费、提高利润储蓄倾向反而会降低能够实现的利润率。

资本积累的第二轮决策，是在调整资本和非调整资本之间进行选择，确定积累的方向。新积累的资本倾向于加入调整资本，获得调整利润率，进而引发平均利润率的变动。

谢克（Shaikh，2008）将每个生产部门内的资本区分为调整资本和非调整资本。调整资本指在通常生产条件下具有先进生产技术的资本。非调整资本指在通常生产条件下技术水平落后的资本，或者具有特殊生产条件的资本。调整资本是部门内占主导地位的资本，调整资本的利润率（调整利润率）是部门内占据统治地位的利润率。资本在部门之间的流动，促使不同部门的调整利润率趋向于平均化，平均的调整利润率反映了调整资本整体的盈利状况。

新积累的资本面临选择，它们倾向于成为各部门的调整资本，具有调整资本的利润率（调整利润率）。技术水平落后的资本，利润率较低且面临将来被淘汰的可能性，新积累的资本不愿意加入其中。有着特殊生产条件的资本可能具有较高的收益，但新积累的资本可能并没有资格

---

① 在经验考察中，积累率通常被定义为资本存量的增长率，本章沿用此通常做法。马克思将"剩余价值转化为资本"称作资本积累，将用于积累的剩余价值占全部剩余价值的比重称作积累率，他界定的积累率即资本所有者的利润储蓄倾向。

加入其中。

新积累的资本通过加入调整资本的阵营，而改变资本整体的平均利润率。（1）改变了调整资本和非调整资本的相对比例。（2）调整资本增多，可能促进技术创新，带来调整利润率的改变；调整利润率的变动则会引发平均利润率变动。

同时，调整资本的利润率也具有双重性质。一方面，调整利润率是部门内占调节地位的利润率；另一方面，调整利润率是新积累资本的利润率，是资本存量增量的利润率，是平均利润率的边际值。

谢克通过衡量新积累资本的利润率来得到调整利润率。令π_t表示某生产部门在第t期的总利润，它包括新积累资本的利润（π_t^1）和原有资本在当前的利润（π_t^0）：

$$\pi_t = \pi_t^1 + \pi_t^0$$

进一步，可将新积累资本的利润，写成总利润的增量加上一个"调整项"：

$$\pi_t^1 = (\pi_t - \pi_{t-1}) + (\pi_{t-1} - \pi_t^0) = \Delta\pi_t + \pi_{t-1}\left(1 - \frac{\pi_t^0}{\pi_{t-1}}\right)$$

谢克讨论了调整项的大小。他用p_t、w_t、wr_t及T_t分别代表产出价格指数、名义工资、实际工资和间接企业税率；用Y_t、L_t与y_t分别代表实际产出、就业量及劳动生产率；用Y_t^0、w_t^0等代表和原有资本相对应的实际产出、名义工资等；令Y_t^*、L_t^*和y_t^*表示经济产能以及与之相对应的就业量和劳动生产率；最后，让$u_t = Y_t / Y_t^* =$产能利用率，如果当产能利用率变化时，就业与产出的变动一致，那么$L_t / L_t^* = u_t$。利润等于产出减去间接税与工资，谢克将原有资本在当前的利润与前一期总利润之比，分解为四项，各项上面的正负号表示它对整体值的影响：

$$\frac{\pi_t^0}{\pi_{t-1}} = \frac{p_t Y_t^0 (1 - T_t) - w_t^0 L_t^0}{p_{t-1} Y_{t-1}(1 - T_{t-1}) - w_{t-1} L_{t-1}} = \left(\frac{p_t}{p_{t-1}}\right)^{+}\left(\frac{Y_t^{0*}}{Y_{t-1}^*}\right)^{-}\left(\frac{u_t^0}{u_{t-1}}\right)^{\pm}\left(\frac{m_t^0}{m_{t-1}}\right)^{\pm}$$

$$m_t^0 = \left(1 - T_t - \frac{wr_t^0}{y_t^0}\right) = 原有资本的当前利润边际$$

$$m_{t-1} = \left(1 - T_{t-1} - \frac{wr_{t-1}}{y_{t-1}}\right) = \text{全部资本在前一期的利润边际}$$

第一项为总价格的变动率，倾向于大于 1。第二项为原有资本的当前产能与总资本在前一期的产能之比，由于一些资本的折旧和耗费，它倾向于小于 1。第三项为原有资本和前一期总资本的产能利用率之比，围绕 1 波动。第四项为两个利润边际之比，如果工人的实际工资与利润率及劳动生产率相关联，同时税率倾向于保持稳定，此项可能接近于 1。

参考对经验数据的测算，谢克认为可以假设原有资本当前的利润与前一期总利润之比近似等于 1。新积累资本的利润就近似等于总利润的增量，新积累资本的利润率（调整利润率，$\tilde{r}$）近似等于总利润增量与新积累资本之比：

$$\pi_t^1 \approx \Delta\pi_t$$

$$\tilde{r}_t = \frac{\pi_t^1}{I_{t-1}} \approx \frac{\Delta\pi_t}{I_{t-1}}$$

这种调整利润率衡量方式，运算简单、需要的数据指标少而且结果可以直接被解释为资本的"边际收益"，因而为许多学者所认可和应用（Tsoulfidis and Tsaliki，2005；Bahce and Eres，2013；Sarich and Hecht，2014）。迪梅尼尔和列维（Duménil and Lévy，2011）批评此方法忽视了产能利用率、资本折旧和工资水平变动带来的影响，泰斯卡里与维欧纳（Tescari and Vaona，2014）基于迪梅尼尔和列维的模型提出另一种衡量方式。但他们的衡量方式暗含一个不合理的假设，即假设新积累资本的技术参数（劳动生产率和产能-资本比率）和总资本的技术参数相同，新积累资本往往有着正常生产条件下的先进技术，假设它们的技术参数与原有资本的技术参数相同是不合理的。在改造他们模型的基础上，可以得出一种考虑产能利用率、折旧、税收、工资和物价指数变动的调整利润率度量方式（李亚伟，2018）。但这种度量方式运算较为复杂、需要的数据指标较多。在数据不够充分的情况下，谢克的调整利润率衡量方式仍是可行的做法。

调整利润率 $\tilde{r}_t$ 与平均利润率 r_t 分别为：

$$r_t = \frac{\pi_t}{K_{t-1}}$$

$$\tilde{r}_t = \frac{\Delta \pi_t}{I_{t-1}} = \frac{\pi_t - \pi_{t-1}}{K_{t-1} - K_{t-2}}$$

平均利润率的增量，可表示为：

$$\Delta r_t = r_t - r_{t-1} = \frac{\pi_t}{K_{t-1}} - \frac{\pi_{t-1}}{K_{t-2}}$$

其中 $\pi_t = \pi_{t-1} + \Delta \pi_t$，$K_{t-1} = K_{t-2} + \Delta K_{t-1}$，所以有：

$$\begin{aligned}
\Delta r_t &= \frac{\pi_{t-1} + \Delta \pi_t}{K_{t-2} + \Delta K_{t-1}} - \frac{\pi_{t-1}}{K_{t-2}} \\
&= \frac{K_{t-2} \cdot \Delta \pi_t - \pi_{t-1} \cdot \Delta K_{t-1}}{K_{t-2}(K_{t-2} + \Delta K_{t-1})} \\
&= \frac{\Delta \pi_t}{K_{t-2} + \Delta K_{t-1}} - \frac{\Delta K_{t-1}}{K_{t-2} + \Delta K_{t-1}} \cdot \frac{\pi_{t-1}}{K_{t-2}}
\end{aligned}$$

令 $\dfrac{\Delta \pi_t}{K_{t-2} + \Delta K_{t-1}} = \dfrac{\Delta \pi_t}{\Delta K_{t-1}} \cdot \dfrac{\Delta K_{t-1}}{K_{t-2} + \Delta K_{t-1}}$，则有：

$$\begin{aligned}
\Delta r_t &= \frac{\Delta \pi_t}{\Delta K_{t-1}} \cdot \frac{\Delta K_{t-1}}{K_{t-2} + \Delta K_{t-1}} - \frac{\Delta K_{t-1}}{K_{t-2} + \Delta K_{t-1}} \cdot \frac{\pi_{t-1}}{K_{t-2}} \\
&= \left(\frac{\Delta \pi_t}{\Delta K_{t-1}} - \frac{\pi_{t-1}}{K_{t-2}} \right) \frac{\Delta K_{t-1}}{K_{t-2} + \Delta K_{t-1}} \\
&= (\tilde{r}_t - r_{t-1}) \frac{\Delta K_{t-1}}{K_{t-2} + \Delta K_{t-1}}
\end{aligned}$$

可见，平均利润率增量的正负号取决于调整利润率和平均利润率的相对大小。如果调整利润率大于平均利润率，则平均利润率趋向上升；如果调整利润率小于平均利润率，则平均利润率趋向下降。

在资本积累的两轮决策中，调整利润率均发挥着重要的作用。调整利润率（边际利润率）引导资本的投资决策即积累率的选取，积累率的大小则决定平均利润率的实现程度。同时，调整利润率作为平均利润率的边际值，也会直接对平均利润率形成影响。接下来对中国经济的状况进行考察，测算平均利润率、调整利润率、积累率和经济增长率等指标，基于资本积累与利润率的相互作用探讨中国的经济增长。

三　中国经济的利润率和资本积累动态

改革开放以来，中国从计划经济转向市场经济，市场经济的一般规律在中国经济中发挥着作用。本章选取改革开放时期的中国经济作为经验考察对象，着重考察三个方面的内容：（1）整体经济平均利润率[①]的短期波动和长期趋势[②]，分析改革开放以来中国整体盈利环境的演变；（2）整体经济的调整利润率，讨论它与平均利润率的关系；（3）中国经济的利润率、积累率与增长率之间的关联。

对于收入法 GDP 及其组成部分，国家统计局公布的最新数据仅到 2017 年，因此本章考察时期选择为 1978~2017 年。数据来源于国家统计局年度数据、《中国国内生产总值核算历史资料（1952~2004）》《中国国内生产总值核算历史资料（1952~1995）》。"国内生产总值""国内生产总值指数（1978 年 = 100）""固定资本形成总额""企业所得税"[③]"就业人员"等指标，直接取自国家统计局年度数据。"固定资本存量"，参考单豪杰（2008）、黄勇峰等（2002）和张军等（2004）的方式，利用永续盘存法估算得到。

"收入法 GDP""劳动者报酬""生产税净额""固定资产折旧"和"营业盈余"五个指标，1993~2017 年的数据由国家统计局年度数据加

---

①　关于中国经济的利润率，谢富胜和李直（2016）、赵峰等（2017）、骆桢和戴欣（2017）、鲁保林（2012）等学者进行了有益的研究，本章在已有研究的基础上进行考察。

②　本章尝试初步衡量中国经济的平均利润率和调整利润率，并将之与积累率及经济增长率相比较，暂不涉及对利润率平均化过程的具体讨论。

③　国家统计局年度数据的"企业所得税"数据从 1985 年开始，1979~1984 年国营企业进行了"利改税"的改革试点、第一步改革和第二步改革。

总得到，其中缺失 1993 年西藏数据、1993~1995 年重庆数据，缺失数据补充自《中国国内生产总值核算历史资料（1952~2004）》；1978~1992 年的数据由《中国国内生产总值核算历史资料（1952~1995）》中的原始数据整理而来。收入法 GDP 由各省份数据加总得到，因而与国家统计局直接给出的支出法 GDP 存在一定差异。本章在整理出收入法 GDP 及其四项构成指标（营业盈余、劳动者报酬、固定资产折旧、生产税净额）之后，计算出各项构成指标占收入法 GDP 的比重，再乘以支出法 GDP，得到本章采用的营业盈余、劳动者报酬、固定资产折旧、生产税净额指标数据。

本章采用考虑政府税收的利润率经典度量方式，把平均利润率 r_t 界定为净利润 π_t 与前一期固定资本存量 K_{t-1} 之比[①]。平均利润率的表达式为：

$$r_t = \frac{\pi_t}{K_{t-1}}$$

在具体衡量时，净利润 π_t 采用（以 1978 年不变价格表示的）营业盈余，K_{t-1} 采用（以 1978 年不变价格表示的）固定资本存量。

营业盈余的数据，得自对相关原始数据的加总运算。然后，利用国内生产总值和国内生产总值指数（1978 年 = 100）计算出 GDP 平减指数。再采用 GDP 平减指数[②]，将营业盈余的当前价格值调整为 1978 年不变价格值。

固定资本存量的估算：选取 1952 年为基期，估算出 1978~2017 年的固定资本存量，并以 1978 年不变价格表示。假设相对效率呈几何下降模式，重置率（折旧率）为常数，生产性资本存量的基本估算公

---

① 由于固定资本存量的估算数据是年末值，所以选取上一期固定资本存量。本章利用永续盘存法估算的固定资本存量，均为扣除折旧之后的净固定资本存量。

② 马克思基于劳动价值论来阐释价格以及通货膨胀，将价格作为价值的货币表现，认为商品的价格水平由商品价值量和货币价值量共同决定，并阐明了通货膨胀并不一定是货币问题。马克思和相关学者的研究，深入考察和揭示了通货膨胀的本质。在国民经济核算中，考虑到通货膨胀的影响，通常用不变价数据来对变量指标进行衡量。这种处理方式不能够完全体现马克思主义对通货膨胀的深刻分析，却是一种通用的可行办法。本书因此沿用这种办法，利用 GDP 平减指数得到变量指标的不变价格值。

式为：

$$K_t = K_{t-1}(1 - \delta) + I_t$$

涉及四个主要指标：基期资本存量 K_0、折旧率 δ、当期投资额 I_t 和投资品价格指数。

（1）当期投资额用"固定资本形成总额"来衡量。单豪杰（2008）比较了积累额、全社会固定资本投资额、资本形成总额、固定资本形成总额、存货增加、新增固定资产等具体数据指标，并选择"固定资本形成总额"来衡量当期投资额。许宪春（2013）也明确指出："支出法GDP 中的居民消费和固定资本形成总额是反映最终需求中的居民消费需求和固定资本投资需求的准确指标。""固定资本形成总额"（1952～2017 年）的数据，取自国家统计局年度数据中的"支出法国内生产总值"表。①

（2）投资品价格指数主要采用"固定资本形成总额指数"，并计算出以 1952 年为基期的价格隐含平减指数。固定资本形成总额指数（上一年＝100），取自《中国国内生产总值核算历史资料（1952～2004）》中的表 gdpZ09"资本形成总额发展速度（不变价格）"。利用此数据，可计算 1952～2004 年固定资本形成总额指数（1952 年＝100）、1952～2004 年价格隐含平减指数（1952 年＝100）、1952～2004 年价格隐含平减指数（上一年＝100）。2005～2017 年价格隐含平减指数（上一年＝100），参照张军等（2004）的做法，直接采用国家统计局年度数据中的"固定资产投资价格指数"（1990～2017 年），进一步可计算 2005～2017 年价格隐含平减指数（1952 年＝100）。

（3）折旧率：假设资本品相对效率呈几何下降模式，采用余额折旧法估算折旧率为 10.96%。代表效率几何递减的余额折旧法，基本表达式为：

---

① 与单豪杰（2008）的数据相比，国家统计局的"固定资本形成总额"数据自 1978 年以后有所调整。

44

$$d_T = (1 - \delta)^T$$

其中，d_T 表示资本品的相对效率，即旧资本品相对于新资本品的边际生产效率，δ 表示重置率或者折旧率①，T 表示时期。在相对效率几何递减模式下，折旧率在各年的分布是不变的。

通过比较已有研究，并参考财政部的《国有企业固定资产分类折旧年限表》，单豪杰（2008）将建筑年限设定为 38 年，机器设备年限设定为 16 年。我国的法定残值率为 3%~5%，单豪杰借鉴黄勇峰等（2002）的方法，假定法定残值率可以代替资本品寿命期限结束时的相对效率。在建筑年限为 38 年和机器设备年限为 16 年的假定下，估算出建筑的折旧率为 8.12%，机器设备的折旧率为 17.08%。根据《中国统计年鉴》提供的建筑和机器设备的结构比重对折旧率进行加权平均，得出每年的折旧率。对于整个时期，折旧率为 10.96%。

（4）基期资本存量：选择 1952 年作为基期，推算其资本存量为 342 亿元，用 1978 年不变价格表示为 355.68 亿元。基期资本存量的估算，具有一定的随意性。基期年份选取得越早，基期资本存量估算的误差对后续年份估算的影响越小。本章在估算资本存量时以 1952 年为基期，并且只采用（以 1978 年不变价格表示的）1978~2017 年的资本存量估算数据。

资本存量的增量 ΔK_t 等于新增投资 I_t 减去折旧 δK_{t-1}：

$$\Delta K_t = I_t - \delta K_{t-1}$$

假定稳态下的存量资本增长率与投资增长率相等，即 $\Delta K/K = \Delta I/I$，所以资本存量可表示为：

---

① 单豪杰（2008）指出，永续盘存法估算资本存量的公式中，应当是重置率而不是折旧率。折旧反映的是资本品未来效率递减的当期估值（贴现值），而重置是过去购买的资本品相对效率在当期的递减，其目的是对原有生产力的维持。常用的相对效率模式有三种，"单驾马车式"假设资本品相对效率在寿命期内不变，相对效率直线下降模式假设资本品相对效率在寿命期内直线下降，相对效率几何下降模式假设资本品的相对效率在寿命期内几何下降（乔根森，2001）。只有在相对效率几何下降的模式下，折旧率和重置率才相等，资本存量财富等于生产性资本存量（孙琳琳和任若恩，2005）。

$$K_{t-1} = \frac{I_t}{\frac{\Delta K_t}{K_{t-1}} + \delta} = \frac{I_t}{\frac{\Delta I_t}{I_{t-1}} + \delta}$$

单豪杰（2008）采用 1953 年的固定资本形成总额、折旧率与 1953~1957 年固定资本形成总额平均增长率，来估算全国和分省份的 1952 年固定资本存量。1953 年的实际固定资本形成总额为 116.69 亿元，1953~1957 年固定资本形成总额平均增长率为 23.1%，折旧率取 10.96%，得到 1952 年固定资本存量为 342 亿元。用 1978 年不变价格表示，基期 1952 年的资本存量为 355.68 亿元。

利用上述四个指标，可以推算出 1978~2017 年的固定资本存量。固定资本存量以 1978 年不变价格表示，利用 GDP 平减指数将平均利润率的分子也调整为 1978 年不变价格表示，可分别衡量出税前的平均利润率、扣除生产税的平均利润率和税后的平均利润率：

$$税前平均利润率 = \frac{收入法\,GDP - 劳动者报酬 - 固定资产折旧}{上一期固定资本存量}$$

$$平均利润率（扣生产税）= \frac{收入法\,GDP - 劳动者报酬 - 固定资产折旧 - 生产税净额}{上一期固定资本存量}$$

$$税后平均利润率 = \frac{收入法\,GDP - 劳动者报酬 - 固定资产折旧 - 生产税净额 - 企业所得税}{上一期固定资本存量}$$

如图 2-1 所示，税前的平均利润率与扣除生产税的平均利润率，在波动和趋势上大致相同，显示出生产税净额带给利润的影响大致稳定。1979~1984 年，国营企业进行了"利改税"的试点和改革。国家统计局年度数据中的"企业所得税"数据从 1985 年开始。1985~1990 年，是否扣除企业所得税，造成只扣除生产税的平均利润率和税后的平均利润率虽然在波动方向上比较一致，但在幅度上有所差别。1991~2017 年，只扣除生产税的平均利润率和税后的平均利润率在波动和趋势上均比较接近，说明企业所得税带给利润的影响也趋于稳定。

三种平均利润率在 1978~2017 年整体上呈现下降的趋势，可大致分成三个阶段。第一个阶段，1978~1990 年：平均利润率在波动中下

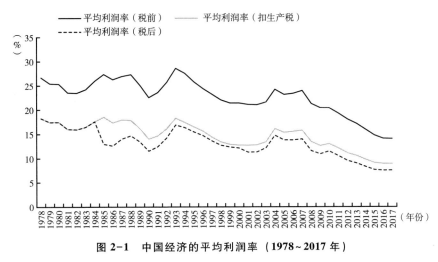

图 2-1　中国经济的平均利润率（1978~2017 年）

数据来源：原始数据取自国家统计局年度数据、《中国国内生产总值核算历史资料（1952~2004）》和《中国国内生产总值核算历史资料（1952~1995）》。

降。第二个阶段，1991~2001 年：平均利润率先迅速上升，接着迅速下降。第三个阶段，2002~2017 年：平均利润率先回升，在 2004~2007 年处于相对平稳的高位，然后逐渐下降。

本章参照谢克（Shaikh，2008）的方法，将调整利润率界定为总利润增量 $\Delta\pi_t$ 与上一期总投资 I_{t-1} 之比。[①] 总投资采用"固定资本形成总额"。总利润分别采用税前总利润（收入法 GDP-劳动者报酬），扣除生产税的总利润（收入法 GDP-劳动者报酬-生产税净额）和税后总利润（收入法 GDP-劳动者报酬-生产税净额-企业所得税），可分别得到调整利润率（税前）、调整利润率（扣生产税）和调整利润率（税后）。

利用 GDP 平减指数将当期总利润调整成上一期价格形式，也即和

[①]　调整利润率也可以界定为净利润增量与上一期净投资之比。净投资采用"固定资本形成总额"减去"固定资产折旧"，净利润采用"总利润"扣除"固定资产折旧"。采用净值计算的调整利润率，与（采用固定资本净值计算的）平均利润率直接对应，是其边际值。但它也和平均利润率一样，在衡量时需要估算固定资本的折旧，由此带来计算上的复杂和指标数据获取的难度。由于总投资和总利润的数据容易获取，不必考虑固定资本的折旧，而且更符合经济主体对投资和利润的直观感受，因此本章选取采用总利润和总投资计算的调整利润率。

上一期总利润与上一期总投资以相同时期的价格表示。进一步计算得出的调整利润率，也因而排除了价格变动的影响。

三种调整利润率的动态也比较一致（如图2-2所示）。是否扣除生产税，造成税前的调整利润率与扣除生产税的调整利润率在波动幅度上有所差别，而是否扣除企业所得税，对调整利润率产生的影响则比较小。三种调整利润率没有表现出明显的长期趋势，它们的动态也可以大致分成三个阶段。第一个阶段（1978~1990年），调整利润率较为频繁地波动，在1981年和1986年两次到达低点并回升，1990年达到更显著的低点。第二个阶段（1991~2001年），调整利润率先迅速上升，再迅速下降，1994~2001年，税前的调整利润率和扣除生产税的调整利润率相对稳定地处于较低位置，而税后的调整利润率则有所下降。第三个阶段（2002~2017年），调整利润率先快速上升，2004年达到一个高点，之后快速下降，2008年到达低点，2009~2010年有所回升，接着又呈现下降趋势，直至2016年开始有回升势头。

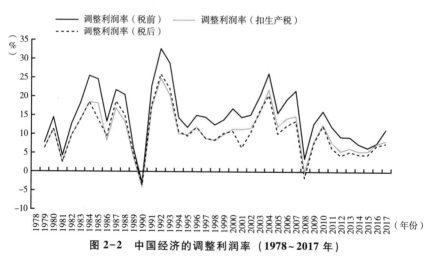

图2-2　中国经济的调整利润率（1978~2017年）

数据来源：原始数据取自国家统计局年度数据、《中国国内生产总值核算历史资料（1952~2004）》和《中国国内生产总值核算历史资料（1952~1995）》。

由图2-3可看出，调整利润率与平均利润率在短期波动和长期趋势上均呈现相互的关联，调整利润率对平均利润率有着一定的引领作用。

当调整利润率大于平均利润率时，平均利润率趋向于上升；当调整利润率小于平均利润率时，平均利润率倾向于下降。也就是说，调整利润率与平均利润率的相对大小，决定着平均利润率的变动方向。

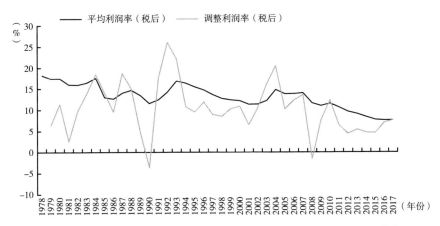

图 2-3　平均利润率（税后）和调整利润率（税后）（1978~2017 年）

数据来源：原始数据取自国家统计局年度数据、《中国国内生产总值核算历史资料（1952~2004）》和《中国国内生产总值核算历史资料（1952~1995）》。

积累率 α_t 界定为净投资 I_t 与上一期固定资本存量 K_{t-1} 之比。固定资本存量利用永续盘存法估算得到 1978 年不变价格值。净投资采用"固定资本形成总额"减去"固定资产折旧"，并利用（固定资本存量的）价格隐含平减指数调整为 1978 年不变价格值。

如图 2-4 所示，1978~1990 年，积累率和平均利润率（税后）有交叉也有偏离，均在波动中下降。1991~2007 年，二者表现出一致的波动和趋势，调整利润率（税后）则对二者有一定的引领作用。2008~2010 年，积累率上升，调整利润率从 2008 年的低点上升，而平均利润率（税后）则继续下降。2010 年之后，三者均呈现下降的态势。

本章将经济增长率界定为实际国内生产总值的增长率。从国家统计局年度数据中选取"国内生产总值"和"国内生产总值指数（1978＝100）"，计算出实际国内生产总值及其增长率。

如图 2-5 所示，在（开始扣除企业所得税的）1985 年之后，平均

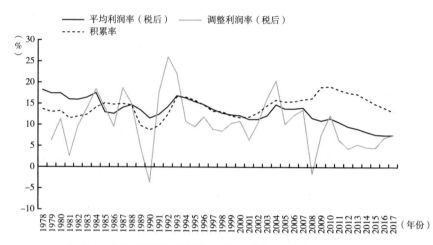

图 2-4 平均利润率（税后）、调整利润率（税后）和积累率

数据来源：原始数据取自国家统计局年度数据、《中国国内生产总值核算历史资料（1952～2004）》和《中国国内生产总值核算历史资料（1952～1995）》。

利润率（税后）与经济增长率呈现比较一致的波动方向，调整利润率（税后）除 2004 年的高点以外，也与经济增长率有着近似的波动，但波动幅度较大。

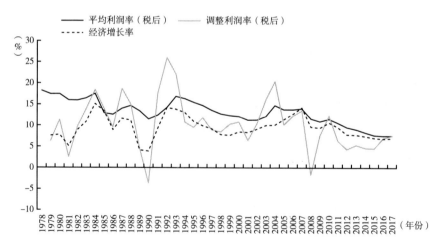

图 2-5 平均利润率（税后）、调整利润率（税后）和经济增长率

数据来源：原始数据取自国家统计局年度数据、《中国国内生产总值核算历史资料（1952～2004）》和《中国国内生产总值核算历史资料（1952～1995）》。

　　基于平均利润率、积累率和经济增长率的动态，可将 1978～2017
年的中国经济发展大致划分为三个阶段（如图 2-6 所示）。第一个阶段
是 1978～1990 年，在初期经历下降之后，平均利润率和积累率均自
1982 年开始回升，经济增长率也迅速上升，在 1984/1985 年三者均达到
高点，而后在波动中下降。第二个阶段是 1991～1999 年，平均利润率、
积累率和经济增长率在 1991 年均快速上升，至 1992/1993 年达到波峰，
而后出现下降。第三个阶段是 2000～2017 年，经济增长率先是出现长
时间的上升，而后步入长时间的下降；平均利润率与经济增长率的动态
比较接近，尤其是在 2007 年之后，二者的动态几乎一致；积累率的动
态在 2007 年之前与平均利润率及经济增长率比较接近，但是 2007～
2010 年在后两者均下滑的情况之下，积累率却快速上升，在 2010 年之
后才出现持续的下降。积累率与利润率的分化，反映了在中国经济中资
本积累与盈利动机之间可能出现短暂的偏离。

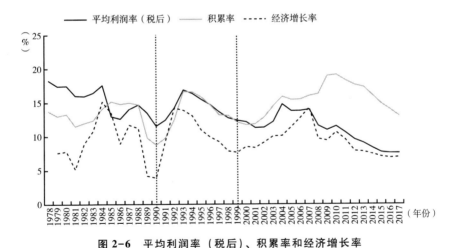

图 2-6　平均利润率（税后）、积累率和经济增长率

　　数据来源：原始数据取自国家统计局年度数据、《中国国内生产总值核算历史资料
（1952～2004）》和《中国国内生产总值核算历史资料（1952～1995）》。

　　中国经济中平均利润率、调整利润率与积累率的密切关联，是资本
积累与利润率相互作用关系的一个呈现。经济增长率与平均利润率、调

整利润率的相近关系，则进一步说明了研究利润率及其与积累率的关系，对于分析经济增长具有重要作用。

关于利润率变动的解释，孟捷和高峰（2019：102-103）在批判性考察多个解释流派的基础上，将以利润挤压论为代表的供给侧解释与以垄断资本学派为代表的需求侧解释，结合为一个包容性的分析架构。如下列方程式所示，r 是平均利润率，π 是利润，Y 是增加值，W 是实际工资，K 是资本存量，L 是就业量，Y/L 是劳动生产率，W/L 是实际工资率，K/L 是资本-劳动比率。

$$r = \frac{\pi}{K} = \frac{Y-W}{K} = \frac{Y/L - W/L}{K/L}$$

供给侧的因素比如劳工势力的增强，既会通过劳资谈判而影响实际工资率 W/L，又会通过增强劳动积极性等方面而影响劳动生产率 Y/L。需求侧的因素比如投资和产能利用率，则会通过规模报酬递增效应等面向而影响劳动生产率 Y/L。因此，有必要结合供给侧和需求侧的因素对利润率进行考察，利润率的变动是劳动生产率、实际工资率和资本-劳动比率等方面的因素相互作用的结果。

从图 2-7 能够看出，实际工资率增长率随着劳动生产率增长率的变动而变动，虽然前者在第二个阶段和第三个阶段的波峰，均略微滞后于后者的波峰。资本-劳动比率可作为资本有机构成的指标，从图中也能够看出，资本-劳动比率也有一定滞后地随着劳动生产率的波动而波动。鉴于劳动生产率、实际工资率和资本-劳动比率对利润率有不同方向的作用，不宜单独分析三者及相关因素对利润率的效应，而是有必要将它们结合起来进行分析。

劳动生产率和收入分配是利润率的重要影响因素。本章利用劳动者报酬占收入法 GDP 的比重作为劳动份额。如图 2-8 所示，1978~2000 年，劳动份额较为平稳，平均利润率、调整利润率与劳动生产率增长率有着较为一致的变动。2001~2007 年，劳动生产率增长率提高，劳动份额下降，平均利润率与调整利润率趋于上升。2008~2017

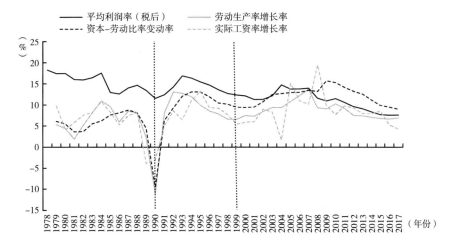

图 2-7　劳动生产率、实际工资率、资本-劳动比率的增长率与平均利润率（税后）

注：劳动生产率＝实际 GDP（基期 1978 年）/就业人员；实际工资率＝劳动者报酬/就业人员；资本-劳动比率＝固定资本存量/就业人员。

数据来源：原始数据取自国家统计局年度数据、《中国国内生产总值核算历史资料（1952~2004）》和《中国国内生产总值核算历史资料（1952~1995）》。

年，劳动生产率增长率下降，劳动份额上升，平均利润率与调整利润率趋于下降。

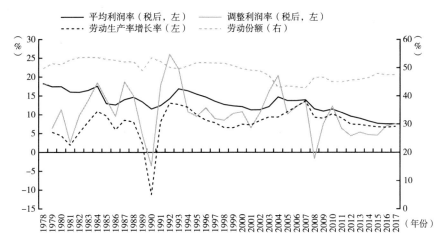

图 2-8　平均利润率（税后）、劳动生产率增长率、劳动份额与利润率（税后）

数据来源：原始数据取自国家统计局年度数据、《中国国内生产总值核算历史资料（1952~2004）》和《中国国内生产总值核算历史资料（1952~1995）》。

基于对中国经济的考察，本章发现以下几点。（1）平均利润率在
1978~2017 年呈现下降的趋势。调整利润率引领平均利润率的变动，二
者的差额决定了平均利润率的变动方向。（2）利润率、积累率与经济
增长率存在密切的关联，除了 2008~2010 年以外，其他大多数时间里，
调整利润率、平均利润率均与积累率及经济增长率总体有着相似的变
动。（3）利润率的变动是供给侧要素和需求侧要素综合作用的结果，
其中劳动生产率和收入分配发挥着重要作用。在 1978~2000 年，劳动
份额稳定，平均利润率、调整利润率与劳动生产率增长率有着较为一致
的变动；2001~2017 年，平均利润率与调整利润率先趋向上升，然后趋
向下降，二者的走势与劳动生产率增长率的变动趋势相同，与劳动份额
的变动趋势则相反。

四　小结

在 2008 年国际金融危机引发的利润率研究热潮中，平均利润率不
同度量结果之间的矛盾以及平均利润率与积累率的矛盾，使“如何对平
均利润率进行经验界定”成为争论的焦点。平均利润率是资本积累的条
件和动力，而资本积累则带动平均利润率的实现。本章尝试基于利润率
与资本积累的相互作用，探讨利润率的经验界定，并将之用于考察改革
开放以来的中国经济。

结合利润率影响资本积累的两个机制，可以评析围绕利润率经验定
义的争论，探讨衡量平均利润率的合适指标。分析利润率与资本积累的
相互作用路径，会发现调整资本和调整利润率在其中的桥梁作用。调整
利润率（边际利润率）引导积累率的选取，积累率的大小则影响平均
利润率的实现程度。同时，调整利润率作为平均利润率的边际值，也会
直接对平均利润率形成影响。

对中国经济的经验考察发现以下几点。（1）平均利润率在 1978~
2017 年呈现下降的趋势，调整利润率引领平均利润率的变动。（2）调

整利润率、平均利润率与积累率及经济增长率存在相似的变动和密切的关联。（3）1978~2000 年，劳动份额稳定，平均利润率、调整利润率与劳动生产率增长率有着较为一致的变动；2001~2017 年，平均利润率与调整利润率先趋向上升，然后趋向下降，二者的走势与劳动生产率增长率的变动趋势相同，与劳动份额的变动趋势则相反。

未来的研究有两个方向，一个是纳入资本积累金融化对利润率的影响，另一个是分析利润率平均化过程，思考它们带给平均利润率、调整利润率及积累率的影响。

第三章 虚拟经济利润率的
量度及比较

自 20 世纪 80 年代以来，发达资本主义国家的资本积累出现了由生产领域向金融领域的结构性转向（Stockhammer，2004；孟捷等，2014），中国经济近年来也面临"脱实向虚"和金融化的风险（刘晓欣和田恒，2020；谢富胜等，2021；黎贵才等，2021）。利润率引导资本积累，分析资本积累金融化，有必要对比虚拟经济（金融企业部门）和实体经济（非金融企业部门）的利润率。然而，马克思主义政治经济学关于利润率的经验考察，却大多针对非金融企业部门或者整体经济，专门研究金融企业部门利润率的文献相对较少，而且多为有关美国金融企业部门利润率的探讨（Duménil and Lévy，2004；Maniatis，2012；Bakir and Campbell，2013），鲜有致力于考察中国金融企业部门利润率的研究。

本章尝试对金融企业部门（虚拟经济）利润率的量度方式进行专门考察，测算中国金融企业部门（虚拟经济）的利润率，并将之与采用一致方式衡量的非金融企业部门（实体经济）利润率相比较。首先，梳理资本积累金融化背景下利润率研究的多种进路；其次，评析金融企业部门利润率的四种衡量方式；再次，利用资金流量表和资产负债表数据计算中国金融企业部门的多种利润率；最后，结合中国经济的资本积累金融化演变图景，比较金融企业部门利润率与采用一致方式衡量的非金融企业部门利润率。

一　资本积累金融化背景下利润率研究的多种进路

自 20 世纪 70 年代以来，马克思主义学者对利润率动态及其成因的考察，形成了不同的理论流派，比如"资本有机构成提高论""利润挤压论"和"消费不足论"等。"资本有机构成提高论"主张用资本有机构成的提升来解释利润率下降和经济危机，此流派可溯源自马克思，其当代代表人物包括谢克、克莱曼等。"利润挤压论"强调劳动份额上涨对利润造成挤压，此流派对 20 世纪 70 年代危机的解释产生了较大影响，法国调节学派、美国 SSA（积累的社会结构）学派、日本宇野学派均属于此理论阵营。"消费不足论"则强调消费不足导致商品实现困难，此理论思想由来已久，以斯威齐、福斯特为代表的"垄断资本学派"是它在现代的代表。

随着资本积累金融化现象的出现，尤其是在 2008 年国际金融危机发生以后，许多学者将金融化纳入对利润率的探讨。譬如，迪梅尼尔和列维（Duménil and Lévy，2004）梳理了影响利润率的四种金融关系，重新界定利润率。巴基尔和坎贝尔（Bakir and Campbell，2013）分别测算并比较了金融企业部门和非金融企业部门的利润率。弗里曼（Freeman，2012）也考虑金融化的影响，衡量了包括非金融企业部门和金融企业部门在内的整体经济的利润率。

在方法论上，关于利润率动态及其成因的研究主要有以下几类方法。

（1）直接基于利润率定义式进行讨论。马克思的利润率趋向下降规律一直处于争议当中，许多学者直接针对利润率定义式，分析资本有机构成和剩余价值率的变动对利润率的影响（Sweezy，1942；Rosdolsky，1977；Shaikh and Tonak，1994；Heinrich，2013；Kliman，2012；Kliman et. al.，2013）。但在不同时期和不同经济体中，资本有机构成和剩余价值率有着不同的表现，故此方法较为依赖具体的经验数据。

（2）改造利润率定义式。吉尔曼（Gillman，1957）从利润率分子中扣除非生产性支出，以讨论在垄断条件下非生产性支出增加对利润率造成的影响。梅基（Mage，1963）则将非生产性支出视为不变资本，并作为利润率分母的组成部分。迪梅尼尔和列维（Duménil and Lévy，2004）和弗里曼（Freeman，2012）也分别修正利润率定义，以讨论金融化带来的效应。对利润率定义式的改造，是在引入新的思想来发展马克思主义利润率理论。

（3）对利润率进行因式分解。利润率通常被分解为利润份额和产出-资本比率，产出-资本比率即（假设工资为零而得到的）最大化利润率（Hahnel and Sherman，1982）。韦斯科普夫（Weisskopf，1979）将利润率分解为利润份额、产能利用率和产能-资本比率，以此三项分别对应"利润挤压论""实现失败论"和"资本有机构成提高论"，并用计量分析比较各项对利润率变动的解释力。科茨（Kotz，2011）将利润率分解为利润份额、产出-有形资产比率和有形资产-净值比率，其中有形资产-净值比率是一个金融比率，反映杠杆程度和金融化程度的变动。巴基尔（Bakir，2015）则将（考虑金融关系的）拓展利润率分解为四项，即税后利润率、拓展利润与税后利润之比、资本存量与总资产之比、总资产与净值之比。此类方法可以较为便利地采用统计数据进行计量分析，从而检验所提出的理论假说，但由于因式分解得到的各项往往不相互独立，此类方法也有其局限性。

（4）基于马克思的两部类分析方法，构建关于利润率的方程组。沃尔夫（Wolff，1979）利用方程组得到价格利润率和价值利润率表达式，并采用投入产出表数据进行测算和比较。置盐信雄（2010）关于技术变革和利润率的观点，被称为"置盐定理"，引发了一直延续至今的争论。此类方法将利润率与资本积累和社会再生产联系起来，又可采用投入产出表等统计数据进行分析，值得进一步发展。

（5）多种利润率比较研究。迪梅尼尔和列维（Duménil and Lévy，2011）考察了五种利润率，即马克思意义上的利润率、扣除生产税的利润率、扣除全部税收的利润率、扣除全部税收以及利息并以资产净值为分母的利润率和企业自留利润率。巴基尔和坎贝尔（Bakir and Campbell，2013）分别测算并比较了金融企业部门和非金融企业部门的利润率。谢克（Shaikh，2010）比较了美国非金融企业部门的总利润率和企业利润率，讨论了抑制实际工资增长和利息率持续下降对利润率造成的影响。比较多种利润率，有助于分析利润率的不同组成部分各自造成的影响。

关于资本积累金融化背景下的利润率动态及其成因，马克思主义学者们取得了许多成果，但也有着需进一步研究之处。一方面，资本积累的金融化既改变了虚拟经济（金融企业部门），也改变了实体经济（非金融企业部门），已有研究很少采用统一的利润率定义度量和比较这两类部门的利润率，并分析金融资本与生产资本的互动关系。另一方面，马克思主义经济学关注利润率的长期趋势，在长波的架构内对利润率的分析以及对金融资本与生产资本关系的考察，有待继续深化。

二　衡量虚拟经济利润率的四种方式

马克思将利润率界定为剩余价值与预付总资本之比，他写道："用总资本来计算的剩余价值的比率，叫作利润率"[1]，"至于单个资本家，那么很清楚，他惟一关心的，是剩余价值即他出售自己的商品时所得到的价值余额和生产商品时所预付的总资本的比率"[2]。在马克思之后的一段时期内，关于利润率的研究以理论探讨为主。随着统计数据可用性的增强，以及吉尔曼（Gillman，1957）、梅基（Mage，1963）、韦斯科普夫（Weisskopf，1979）等学者的开拓，对利润率长期动态进行经验考察的文献大量涌现。与此同时，关于经验考察中的利润率界定，有着颇多的争议（李亚伟和孟捷，2015；谢富胜和郑琛，2016）。尽管研究金融企业部门利润率的文献较少，但对于金融企业部门的利润率至少已

---

① 马克思：《资本论》（第3卷），人民出版社，2004，第51页。
② 马克思：《资本论》（第3卷），人民出版社，2004，第51页。

经有以下四种不同的界定方式。

第一种方式，将金融企业部门利润率界定为"公司利润与固定资本存量之比"（可称为固定资产利润率）。马尼亚蒂斯（Maniatis，2012）在考察 2008 年国际金融危机时，利用此方法衡量了美国金融企业部门的利润率，并将之与美国非金融企业部门的利润率相对比。他将金融企业部门和非金融企业部门的利润率，均设定为"公司利润与固定资本存量之比"，发现在 1948~1968 年（黄金年代）、1969~1982 年（危机时期）、1983~2007 年（新自由主义时期），非金融企业部门的平均利润率分别为 12.6%、7.6%和 7.3%，而金融企业部门的平均利润率分别为 51.6%、31.1%和 21.4%。

由于预付可变资本难以衡量且相对于预付不变资本而言量值较小，自吉尔曼（Gillman，1957）以来，利用固定资本存量（加存货）作为利润率的分母，成为常见做法。利润率的分子可能选取税前利润（＝增加值-劳动报酬-固定资本折旧）、公司利润（＝增加值-劳动报酬-固定资本折旧-生产税净额）或者税后利润（＝增加值-劳动报酬-固定资本折旧-生产税净额-收入税）等指标。鉴于固定资本在金融企业部门总资本中占比很小，利用固定资本存量得到的利润率难以反映金融企业部门的真实盈利状况，马尼亚蒂斯（Maniatis，2012）计算得到的这种远高于非金融企业部门利润率的金融企业部门利润率，并不能让人信服。

第二种方式，将金融企业部门利润率界定为"利润与总资产之比"（可称为总资产利润率）。弗里曼（2013）将金融企业部门和非金融企业部门放在一起进行考察，将美国私营经济利润率的分母，修正为"私营企业的固定资产加上可交易金融证券"，分子依然采用"私营企业的操作剩余"，并将得到的修正利润率与常规的利润率（即私营企业的操作剩余与私营企业的固定资产之比）相比较。他发现二者在 1946~1982 年有着非常接近的下降趋势，但在 1983~2006 年出现了明显的偏离，常规的利润率呈现上升的趋势，而修正利润率则持续下降。中国银行保险监督管理委员会公布的银行业金融机构"资产利润率"，从数据来推测，计算方式为税后利润与总资产平均余额之比①，它也属于这种利润率界定方式。

根据《中国国民经济核算体系（2016）》，金融企业部门的总资产包括非金融资产和金融资产。非金融资产包括固定资产和其他非金融资产（包括无形资产和递延资产等），金融资产包括通货、贷款、存款、金融机构往来、债券、股票与股权、证券投资基金份额和准备金等。由于股票、债券等金融资产属于所有权的凭证，它们对应的资金可能用于购置固定资产。因此，将非金融资产与金融资产直接加总，有可能带来一部分重复计算。不过，当金融资产价值在相当程度上脱离实体资产价值而获得一定的独立性时，用总资产作为利润率分母亦有其合理性②。然而，在比较金融企业部门和非金融企业部门的利润率时，总资产利润率不是一个好的指标。金融企业部门总资产包括为获取利息而发放的大量贷款等组成部分，造成金融企业部门的总资产与非金融企业部门的总资产有着不尽一致的性质，因此金融企业部门和非金融企业部门的总资产利润率不适合直接对比。

第三种方式，将金融企业部门利润率界定为"税后利润与资产净值之比"（可称为税后利润率）。中国银行保险监督管理委员会公布的银行业金融机构"资本利润率"，从数据来推测，计算方式可能为税后利润与所有者权益平均余额之比。③ 所有者权益代表资产净值，"资本利润率"可看作一种"税后利润与资产净值之比"。

与前两种方式不同，税后利润率采用资产净值作为资产的衡量指标，资产净值既涉及非金融资产也涉及金融资产。然而，税后利润率的利润指标即税后利润，却没有囊括金融资产的"利润"，也即金融收益与金融支出的差额。从这个角度来看，税后利润率的资产指标和利润指标有着一定程度的不相对应。

---

① 参见《中国银行业监督管理委员会 2017 年报》中的附表 1、附表 3、附表 5、附表 6。
② 关于用总资产作为利润率分母的详细评述，参见孟捷等（2014）。
③ 参见《中国银行业监督管理委员会 2017 年报》中的附表 1、附表 3、附表 5、附表 6。

第四种方式，将金融企业部门利润率界定为"拓展利润与资产净值之比"。迪梅尼尔和列维（Duménil and Lévy，2004）分析了影响利润率的四种基本金融关系，即金融成本、金融收入、利用资产净值对资本的衡量，以及债务由于通胀的贬值。金融成本主要指利息支出，金融收入则包括利息收入、股息收入、资产的持有收益和海外留存收益等。资产净值等于总资产减去总负债，也被称为所有者权益。通货膨胀可能促使债务存量贬值，从而对债权方和债务方的收益情况产生影响。考虑这四种金融关系，迪梅尼尔和列维令利润率＝（净产出−劳动报酬−所有税收＋实际金融收入−实际金融成本）/资产净值，并将之用于衡量美国非金融企业部门和金融企业部门的利润率。

巴基尔和坎贝尔（Bakir and Campbell，2013）沿用迪梅尼尔和列维（Duménil and Lévy，2004）的衡量方法，并将此方法衡量的利润率称为"拓展利润率"。他们以此估算了美国金融企业部门和非金融企业部门的利润率，并将之与利用另外两种方法测算的利润率相比较。他们发现，金融企业部门的利润率在20世纪80年代初期开始复苏，并在90年代初达到在60年代初期利润率开始下降前的水平，随后开始剧烈波动；自20世纪90年代初期开始，金融企业部门的利润率大幅度高于非金融企业部门的利润率。他们还测算了所谓"韦斯科普夫"利润率和"NIPA"利润率[①]，发现二者与拓展利润率在变动趋势和幅度上均明显不同，认为在金融关系显著影响企业盈利状况的背景之下，这两种利润率都不是好的估算指标。巴基尔和坎贝尔在其论文附录里，详细给出了金融企业部门利润率的具体测算方法。巴基尔（Bakir，2015）还将衡量得到的"拓展利润率"与资本积累率相比较，发现前者对后者有很强的解释力。

拓展利润率与税后利润率，均采用资产净值作为衡量资产的指标。

[①] "韦斯科普夫"利润率和"NIPA"利润率，均属于将固定资本存量（加存货）作为资产指标的利润率，具体计算公式为："韦斯科普夫"利润率＝（增加值−劳动报酬−固定资本折旧）/（固定资本存量＋存货）；"NIPA"利润率＝（增加值−折旧−劳动报酬−税收−净利息−净转移支付）/固定资本存量。

不同之处在于，拓展利润囊括金融企业自有资金的金融收支，因而比税后利润更能够反映金融企业自有资金的收益状况。

在企业的财务会计分析中，常使用资产负债表和利润表的数据来计算利润率。涉及利润率的常见指标有营业利润率、毛利率、销售净利率、资产利润率、净资产利润率等（陆正飞等，2018）：

营业利润率＝经营利润/营业收入

毛利率＝毛利/营业收入，其中毛利＝营业收入－销货成本

销售净利率＝净利润/营业收入，其中净利润＝税前利润－所得税费用

资产利润率＝息税前利润/年平均总资产，其中息税前利润指未扣除利息和所得税之前的利润

净资产利润率＝净利润/年平均所有者权益

从这些计算公式中可以看出，利润率的衡量有多种方式，适用于不同的情形。营业利润率、毛利率和销售利润率均以营业收入作为分母，衡量利润占营业收入的比例。资产利润率和净资产利润率分别以总资产和净资产作为分母，衡量总资产和净资产的增值情况，中国银行保险监督管理委员会公布的银行业金融机构"资产利润率"和"资本利润率"分别是资产利润率和净资产利润率的代表。

拓展利润率具有三个特点。第一，遵循马克思对利润率的定义。马克思将利润率定义为剩余价值与全部预付资本之比，并强调剩余价值与预付资本总价值之比。第二，发展了马克思主义学者对利润率的经验界定。自吉尔曼（Gillman，1957）和韦斯科普夫（Weisskopf，1979）的研究以来，利用固定资本存量（加存货）作为利润率分母，成为常用的做法，利用资产净值来衡量利润率的做法，也为一些马克思主义学者（Duménil and Lévy，2004；Kotz，2009，2011）所采用。拓展利润率在采用资产净值作为利润率分母的情况之下，考虑了金融收入和金融成本的影响，进而界定利润率的分子，让利润率的分子更能够与利润率分母即资产净值相对应。第三，与企业财务会计分析中的利润率指标相比，在分析预付资本的增殖方面具有优势。拓展利润率考虑了金融收入和金融成本，让利润率的分子更能够反映利润率分母即资产净值的真实收益状况。

对于金融企业部门的利润率量度而言，固定资产利润率、总资产利润率和税后利润率等衡量方式均有其局限性，拓展利润率则能够反映金融企业自有资金的盈利情况，亦可用于金融企业部门和非金融企业部门的利润率比较。本章接下来尝试采用一致的衡量方式，测算中国金融企业部门和非金融企业部门的多种利润率，并结合资本积累的金融化演变图景进行对比分析。本章也度量了总资产利润率和税后利润率等利润率指标，作为比较和参鉴。

三 中国虚拟经济的利润率量度及动态

衡量利润率需要资产指标和利润指标的数据，本部分依次对中国金融企业部门的各项资产和各项利润指标数据进行梳理，然后计算得到总资产利润率、税后利润率、拓展利润率等不同衡量方式之下的多种利润率。本章的数据来源为：国家统计局网站资金流量表、《中国资金流量表历史资料（1992~2004）》和《中国国家资产负债表（2020）》。

首先，基于《中国国家资产负债表（2020）》梳理各项资产指标的数据。[①] 本章从金融机构部门数据中扣除中央银行数据，得到金融企业部门的总资产、资产净值和固定资产等数据。[②] 某一年度的资产和负

[①] 金融企业部门资产指标的数据来源为《中国国家资产负债表 2020》（李扬和张晓晶等，2020，第 120~143 页）。关于数据需要做出几点说明。（1）李扬和张晓晶等合并了中央银行、商业银行以及非银行金融机构的资产负债表，得到金融机构部门的资产负债表。（2）他们估算的中央银行资产负债表中，没有列入含义比较模糊的"其他资产"和"其他负债"，总资产和总负债的规模均略微小于中国人民银行公布的货币当局资产负债表中的。（3）关于银行部门，他们只计算了商业银行的资产负债表，没有编制政策性银行（包括国家开发银行、中国进出口银行、中国农业发展银行）的资产负债表。（4）非银行金融机构是除了银行以外的从事金融业务的商业机构，包括证券公司、保险公司、公募基金、私募基金、信托投资公司、小额贷款公司、财务公司等，李扬和张晓晶等只估算非银行金融机构的主要部分，忽略了金融租赁公司、保理公司、财富管理公司等规模较小的部分。

[②] 衡量方式为：金融企业部门总资产＝金融机构部门总资产－中央银行总资产；金融企业部门资产净值＝金融机构部门股票与股权－中央银行自有资本；金融企业部门固定资产＝金融机构部门固定资产。由于中央银行资产负债表中没有展示中央银行的固定资产，因而将金融机构部门固定资产近似作为金融企业部门固定资产。

债存量，显然均为年末数据。由于资产产生盈利需要一个过程，在计算利润率时，有必要使用上年年末的资产数据或者本年度的平均数据。本章采用本年度的平均数据，即计算各项资产在当期的平均余额。

资产的平均余额，即本年年末资产与乘以价格变动指数的上年年末资产的均值。由国家统计局年度数据中的"国内生产总值"数据和"国内生产总值指数（1978 年 = 100）"数据，得到 GDP 平减指数（1978～2020 年），并进一步得到价格变动指数（= 本年 GDP 平减指数/上年 GDP 平减指数）。

从图 3-1 中能够看出，金融企业部门的固定资产在总资产中占据的比重，自 20 世纪 90 年代初期至 2019 年始终低于 3.5%，而且在 1997 年之后持续降低。固定资产占资产净值的比重，在同一个考察期内始终低于 50%，2019 年来更是降低到 10% 以下。因此，固定资产难以代表金融企业部门的资产水平，利用固定资产计算出来的利润率，难以反映金融企业部门的真实盈利状况。因此，本章不再使用固定资产作为资产指标计算金融企业部门的利润率，仅使用总资产和资产净值作为资产指标进行衡量。

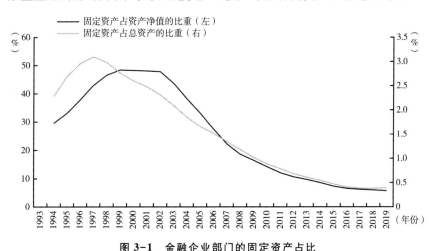

图 3-1　金融企业部门的固定资产占比

注：固定资产占资产净值的比重 = 金融企业部门固定资产平均余额/金融企业部门资产净值平均余额；固定资产占总资产的比重 = 金融企业部门固定资产平均余额/金融企业部门总资产平均余额。

数据来源：原始数据取自《中国国家资产负债表（2020）》。

其次，利用资金流量表梳理各项利润指标的数据。由于难以从资金流量表的金融机构部门各项数据中扣除中央银行数据，因此直接采用金融机构部门的各项数据进行计算，得到金融企业部门的利润数据。2000~2019 年的数据取自国家统计局网站资金流量表中的金融机构部门实物交易数据，1992~1999 年的数据取自《中国资金流量表历史资料（1992~2004）》。[①]

从金融机构部门实物交易资金来源表中取出"增加值""利息""红利"和"其他经常转移"数据，作为待使用的增加值、利息收入、红利收入和其他经常转移收入。从金融机构部门实物交易资金运用表中取出"劳动者报酬""生产税净额""利息""红利""其他财产收入""收入税""其他经常转移收入"数据，作为待使用的劳动者报酬、生产税净额、利息支出、红利支出、其他财产收入支出、收入税和其他经常转移支出。各项利润指标的计算公式为：

税前利润＝增加值－劳动者报酬
扣除生产税的利润＝增加值－劳动者报酬－生产税净额
税后利润＝增加值－劳动者报酬－生产税净额－收入税
扣除其余经常转移[②]的税后利润＝增加值－劳动者报酬－生产税净额－收入税＋其他经常转移收入－其他经常转移支出

参照迪梅尼尔和列维（Duménil and Lévy，2004）以及巴基尔和坎贝尔（Bakir and Campbell，2013）对拓展利润的界定，拓展利润的衡量公式可写为：

[①] 在进行经济普查之后，国家统计局会根据普查数据对现有数据进行修订。四次经济普查的年份分别为 2004 年、2008 年、2013 年和 2018 年。由于《中国资金流量表历史资料（1992~2004）》中只是根据 2004 年普查数据进行修订之后的数值，它与国家统计局网站给出的最新数据略微有所不同。这种区别对两个数据区间（1992~1999 年、2001~2019 年）内部各年份的利润数据影响不大，因为计算利润的各项数据经历了一致的数据修订过程，但可能造成数据衔接年份即 2000 年的利润变动率估算有一定误差。

[②] 按照国家统计局的界定，"经常转移"包括收入税、社会保险缴款、社会保险福利、社会补助和其他经常转移。令"其余经常转移"为除"收入税"之外的"经常转移"，即包括社会保险缴款、社会保险福利、社会补助和其他经常转移。根据资金流量表数据，金融企业部门的"其余经常转移"主要是其他经常转移。

拓展利润=增加值-劳动者报酬-生产税净额-收入税+其他经常转移收入-其他经常转移支出+(利息收入+红利收入)-(利息支出+其他财产收入支出)

值得一提的是，红利收入属于金融收入的一部分，但是红利支出属于利润内部的分配，而不是金融成本的一部分。因此，不能够直接减去净红利支出（即红利支出减去红利收入），而是应当只加上红利收入，不再减去红利支出。

最后，利用各项资产指标和各项利润指标的数据计算不同衡量方式之下的利润率。先以总资产作为资产指标，使用不同的利润指标，计算一组总资产利润率。计算公式分别为：税前总资产利润率=（增加值-劳动者报酬）/总资产平均余额；扣除生产税的总资产利润率=（增加值-劳动者报酬-生产税净额）/总资产平均余额；税后总资产利润率=（增加值-劳动者报酬-生产税净额-收入税）/总资产平均余额；扣除其余经常转移的税后总资产利润率=（增加值-劳动者报酬-生产税净额-收入税+其他经常转移收入-其他经常转移支出）/总资产平均余额。

从图3-2中可以看出，1994~2003年，税前总资产利润率与扣除生产税的总资产利润率在量值与趋势上均有着明显的区别，表明是否扣除生产税净额对利润率计算产生了明显的影响。在此期间里，扣除生产税的总资产利润率与税后总资产利润率在量值和趋势上均非常接近，表明是否扣除收入税对利润率计算影响很小。2004~2019年，三种利润率呈现较为一致的变动趋势，表明是否扣除生产税净额和收入税均对总资产利润率影响较小。扣除其余经常转移的税后总资产利润率，与税后总资产利润率始终十分接近，表明是否扣除其余经常转移对总资产利润率影响很小。扣除生产税的总资产利润率、税后总资产利润率和扣除其余经常转移的税后总资产利润率，均在20世纪90年代呈现下降态势，在2000~2007年呈现上升趋势，在2008~2019年则较为平稳。

采纳资产净值作为资产指标，使用不同的利润指标，可计算一组资

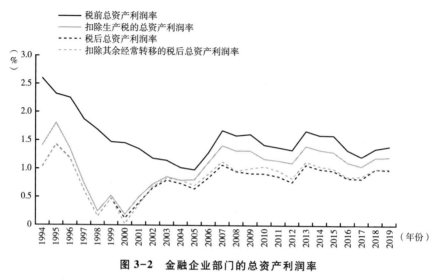

图 3-2　金融企业部门的总资产利润率

数据来源：原始数据取自国家统计局网站资金流量表、《中国资金流量表历史资料
（1992~2004）》和《中国国家资产负债表（2020）》。

产净值利润率。计算公式为：税前利润率 = （增加值−劳动者报酬）/资
产净值平均余额；扣除生产税的利润率 = （增加值−劳动者报酬−生产税
净额）/资产净值平均余额；税后利润率 = （增加值−劳动者报酬−生产
税净额−收入税）/资产净值平均余额；扣除其余经常转移的税后利润
率 = （增加值−劳动者报酬−生产税净额−收入税+其他经常转移收入−其
他经常转移支出）/资产净值平均余额。

　　利用资产净值得到的利润率，与使用总资产得到的利润率呈现相似
的图景。如图 3-3 所示，1994~2003 年，税前利润率与扣除生产税的利
润率在量值与趋势上均差别很大，扣除生产税的利润率与税后利润率则
非常相近，说明是否扣除生产税净额给利润率计算造成了显著影响，而
是否扣除收入税则影响较小。2004~2019 年，税前利润率、扣除生产税
的利润率和税后利润率均呈现较为一致的趋势，扣除其余经常转移的税
后利润率则与税后利润率始终非常接近。图 3-4 比较了利用资产净值得
到的税后利润率与税后总资产利润率，发现二者的波动较为接近，只是
在 2001~2003 年，税后利润率的上升更为明显。

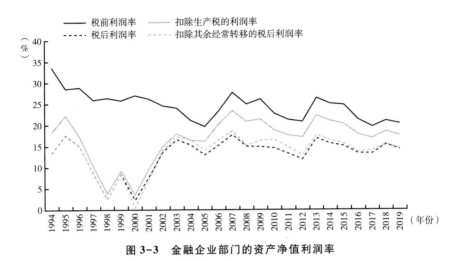

图 3-3　金融企业部门的资产净值利润率

数据来源：原始数据取自国家统计局网站资金流量表、《中国资金流量表历史资料（1992～2004）》和《中国国家资产负债表（2020）》。

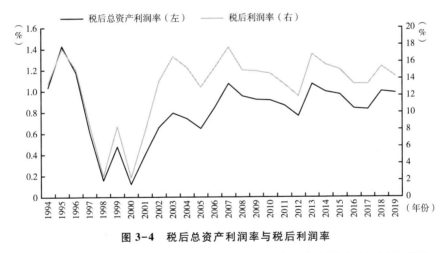

图 3-4　税后总资产利润率与税后利润率

数据来源：原始数据取自国家统计局网站资金流量表、《中国资金流量表历史资料（1992～2004）》和《中国国家资产负债表（2020）》。

　　资产净值体现金融企业的自有资金，而税后利润却不能够反映自有资金的真实盈利状况。只有考虑金融收入、金融支出以及经常转移之后得到的利润，即拓展利润，才能够表现金融企业自身的真实盈利。因而有必要计算拓展利润和拓展利润率，计算公式为：

拓展利润＝增加值－劳动者报酬－生产税净额－收入税＋其他经常转移收入－其他经常转移支出＋（利息收入＋红利收入）[①]－（利息支出＋其他财产收入支出）

金融收入＝利息收入＋红利收入

金融成本＝利息支出＋其他财产收入支出

拓展利润率＝拓展利润/资产净值平均余额

从图 3-5 能够看出，1994~2006 年，拓展利润率与税后利润率及扣除其余经常转移的税后利润率，呈现相近的变动趋势。1994~1997 年，扣除其余经常转移的税后利润率高于拓展利润率，表明在此期间金融收入小于金融成本。1998~2006 年，拓展利润率变得高于扣除其余经常转移的税后利润率，说明金融收入持续地大于金融成本。2007~2019 年，拓展利润率与税后利润率及扣除其余经常转移的税后利润率呈现不同的变动趋势：税后利润率和扣除其余经常转移的税后利润率经历了先下降

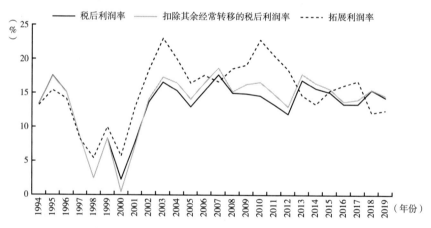

图 3-5　税后利润率、扣除其余经常转移的税后利润率和拓展利润率

数据来源：原始数据取自国家统计局网站资金流量表、《中国资金流量表历史资料（1992~2004）》和《中国国家资产负债表（2020）》。

---

① 金融机构通过存贷款利息差获取的收入，以"金融中介服务产出"的形式计入增加值。资金流量表"财产收入"部分的利息收入和利息支出，是与自有资金相关的利息收入和利息支出，与"金融中介服务产出"不同。许宪春（2020）指出："根据 2008 年 SNA 的建议，国家统计局将间接计算的金融中介服务产出的计算方法调整为参考利率法，计算公式如下：间接计算的金融中介服务产出＝（金融机构存款年平均余额×参考利率－存款实际利息支出）+（金融机构贷款实际利息收入－金融机构贷款年平均余额×参考利率）"。

再回升又下降的过程，整体上仅表现为轻微的下降趋势；拓展利润率则在 2007~2010 年上升，而后呈现相当明显的下降趋势。拓展利润率与税后利润率以及扣除其余经常转移的税后利润率的不同波动甚至趋势，显示了专门测算拓展利润率的必要性。

四　资本积累金融化演变图景与利润率对比状况

本部分首先利用资金流量表和资产负债表的相关数据，测算金融企业部门的增加值占比、总资产占比、资产净值占比和各项利润占比，以及非金融企业部门的金融收入和金融成本分别占其利润的比重，考察资本积累的金融化演变图景；其次计算非金融企业部门的利润率，并将之与金融企业部门的利润率相比较；最后对照审视资本积累金融化的演变图景与利润率对比状况。

非金融企业部门的各项数据指标，均采用与金融企业部门相一致的衡量方式。将非金融企业部门和金融企业部门的相关数据加总，可得到整体企业部门（包括金融企业部门和非金融企业部门）数据，进而能够计算金融企业部门增加值、资产、利润等指标在整体企业部门中的占比状况。

如图 3-6 所示，金融企业部门增加值占比在 1992~2005 年呈现下降趋势，从 1992 年的 8.3% 下降至 2005 年的 5.2%。此后不断攀升，到 2015 年达到 12.4%，接着有所下降。如图 3-7 所示，金融企业部门的总资产占比和资产净值占比，在 2000~2019 年均呈现上升趋势。资产净值占比在 2003~2007 年迅速攀升，在 2008~2013 年缓慢提高，在 2014~2015 年再次快速上升，2015 年之后大致稳定在 10% 附近。总资产占比在 2000~2004 年快速上升，之后比较稳定，2014~2016 年又快速上升，2016 年之后有所下降。21 世纪初期以来，金融企业部门增加值占比、总资产占比和资产净值占比的攀升，展现了金融企业部门相对于非金融企业部门的扩张。

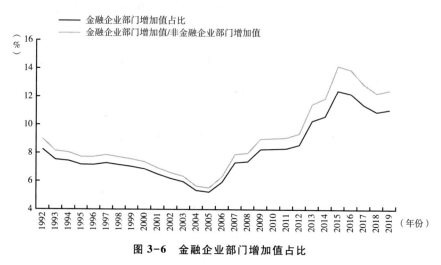

图 3-6　金融企业部门增加值占比

注：金融企业部门增加值占比＝金融企业部门增加值／（金融企业部门增加值＋非金融企业部门增加值）。

数据来源：原始数据取自国家统计局网站资金流量表和《中国资金流量表历史资料（1992～2004）》。

图 3-7　金融企业部门总资产和资产净值占比

注：金融企业部门总资产占比＝金融企业部门总资产／（金融企业部门总资产＋非金融企业部门总资产）；金融企业部门资产净值占比＝金融企业部门资产净值／（金融企业部门资产净值＋非金融企业部门资产净值）。

数据来源：原始数据取自《中国国家资产负债表（2020）》。

　　从图 3-8 中能够看出，金融企业部门的税后利润占比、扣除其余经常转移的税后利润占比和拓展利润占比，均在 1992～2000 年趋于下降，在 2001～2019 年趋向上升。[①] 扣除其余经常转移的税后利润占比，在整个时期内与税后利润占比有着非常接近的量值和趋势，表明扣除其余经常转移净支出并没有对金融企业部门的利润占比情况产生明显的影响。值得注意的是，在 2007 年之前，尽管拓展利润占比与税后利润占比（以及扣除其余经常转移的税后利润占比）有着较为一致的波动，但是拓展利润占比在量值上一直高于税后利润占比；在 2007 年之后，拓展利润占比与税后利润占比表现出明显不同的波动。由此说明，考虑金融收入和金融成本，会颇为明显地影响金融企业部门的利润占比情况。[②]

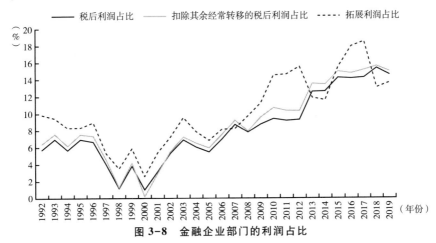

图 3-8　金融企业部门的利润占比

　　注：金融企业部门税后利润占比＝金融企业部门税后利润／（金融企业部门税后利润＋非金融企业部门税后利润）；金融企业部门扣除其余经常转移的税后利润占比＝金融企业部门扣除其余经常转移的税后利润／（金融企业部门扣除其余经常转移的税后利润＋非金融企业部门扣除其余经常转移的税后利润）；金融企业部门拓展利润占比＝金融企业部门拓展利润／（金融企业部门拓展利润＋非金融企业部门拓展利润）。

　　数据来源：原始数据取自国家统计局网站资金流量表和《中国资金流量表历史资料（1992～2004）》。

[①]　关于金融企业部门利润占比变动原因和金融利润来源的探讨，参见 Lapavitsas 和 Mendieta-Muñoz（2019）、谢富胜和匡晓璐（2019）、刘晓欣和张珂珂（2021）以及赵峰和陈诚（2022）。

[②]　按照拓展利润的衡量方法，拓展利润＝税后利润-其余经常转移净支出+金融收入-金融成本。

金融收支对非金融企业部门的影响，也在发生变动。从图 3-9 可以看出，在 20 世纪 90 年代和 21 世纪初，金融收入和金融成本的占比均呈现明显的下降趋势。2002~2012 年，金融收入和金融成本的占比表现为上升趋势，2013~2019 年又有所下降。金融成本占比相较金融收入占比，有着更为明显的变动。值得注意的是，无论是税后利润还是拓展利润，金融成本占比均持续高于金融收入占比，这体现了非金融企业部门在获取金融收入的过程中，耗费了更多的金融成本。

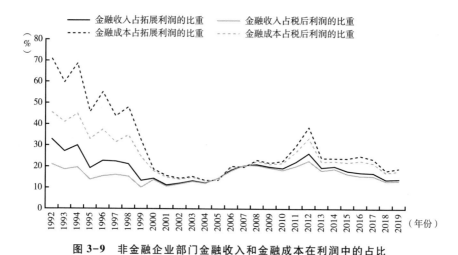

图 3-9 非金融企业部门金融收入和金融成本在利润中的占比

注：金融收入 = 利息收入 + 红利收入 + 其他财产收入；金融成本 = 利息支出 + 地租支出 + 其他财产收入支出。

数据来源：原始数据取自国家统计局网站资金流量表和《中国资金流量表历史资料（1992~2004）》。

从金融企业部门的扩张状况以及金融收支对非金融企业部门的影响状况，可以审视资本积累的金融化进程。[①] 在 20 世纪 90 年代，金融企业部门的利润占比和增加值占比呈现下降的趋势，非金融企业部门的金融收入和金融成本占税后利润及拓展利润的比重也均明显下降，这些趋向说明在此时段并没有表现出金融化的迹象。进入 21 世纪以后，金融

---

① 关于资本积累金融化的理论与实证阐述，参见 Stockhammer（2004）、Tori 和 Onaran（2018）以及 Yu 和 Jo（2022）。

企业部门利润占比、总资产占比、资产净值占比和增加值占比表现出上升的趋势，非金融企业部门金融收入和金融成本占利润的比重一度趋于上升，呈现资本积累金融化的趋向。按照古典-马克思主义的竞争理论，资本倾向于从利润率低的部门流向利润率高的部门，资本积累由非金融企业部门向金融企业部门的转向，很可能与金融企业部门和非金融企业部门的利润率相对水平直接相关。[①]

　　本章不再详细展现非金融企业部门的各项利润率，仅将税后固定资产加存货利润率、税后总资产利润率、税后利润率和拓展利润率四种利润率指标放入同一个图形。如图 3-10 所示，非金融企业部门的四种利润率呈现比较一致的趋势和波动，均在 2001~2008 年高位稳定，在2009~2012 年快速下降，2013~2019 下降速度趋缓。[②]

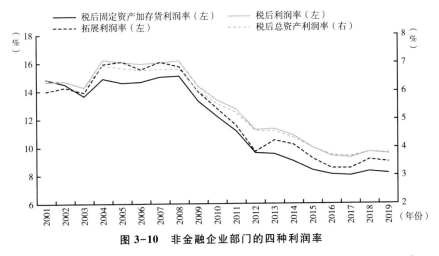

图 3-10　非金融企业部门的四种利润率

数据来源：原始数据取自国家统计局网站资金流量表和《中国国家资产负债表（2020）》。

　　接下来，从量值和趋势上对比金融企业部门和非金融企业部门的总资产利润率、税后利润率和拓展利润率。从总资产利润率对比（如图 3-11

---

①　资本积累的金融化有着复杂的成因，金融企业部门与非金融企业部门的利润率对比是其中的一个重要方面，本章暂不涉及对其他方面原因的详细讨论。

②　由于《中国国家资产负债表（2020）》中只给出了非金融企业部门自 2000 年以来的资产负债数据，因而只能计算进入 21 世纪以来的非金融企业部门利润率状况。

所示）中能够看出，非金融企业部门的税后总资产利润率在 2001～2019 年持续地远高于金融企业部门的税后总资产利润率，这与金融企业部门的增加值占比、总资产占比、资产净值占比以及利润占比的上升趋势不相符合。此图印证了本章对总资产利润率的分析，即由于金融企业部门总资产与非金融企业部门总资产的性质不尽相同，在比较金融企业部门和非金融企业部门的利润率时，采取总资产作为资产指标来衡量利润率是不合适的。

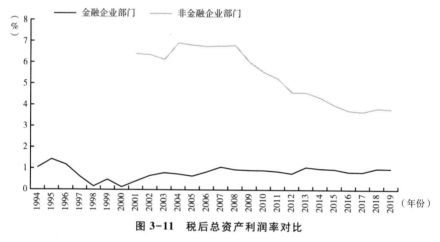

图 3-11　税后总资产利润率对比

注：税后总资产利润率＝（增加值－劳动者报酬－生产税净额－收入税）／总资产平均余额。

数据来源：原始数据取自国家统计局网站资金流量表、《中国资金流量表历史资料（1992～2004）》和《中国国家资产负债表（2020）》。

从税后利润率对比（如图 3-12 所示）中能够看出，2001～2019 年，金融企业部门税后利润率在波动中大致保持稳定，而非金融企业部门税后利润率则在 2001～2008 年比较稳定，之后呈现明显下降的态势。金融企业部门税后利润率和非金融企业部门税后利润率，在 2012 年之后开始分化。金融企业部门税后利润率在 2012 年之后才开始明显高于非金融企业部门税后利润率，与金融企业部门增加值占比、总资产占比、资产净值占比以及利润占比的走势并不相符。资产净值反映金融企业部门和非金融企业部门的自有资金，但税后利润没有考虑自有资金的金融收入和金融成本，因而不能准确地反映自有资金的盈利状况。而拓展利润则解决了这一问题，在税后利润的基础上纳入金融收入和金融成本。

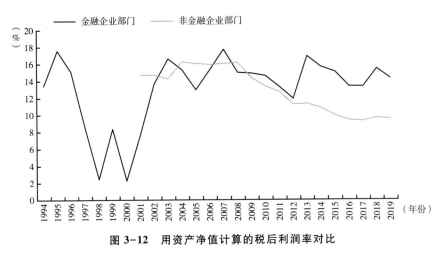

图 3-12 用资产净值计算的税后利润率对比

数据来源：原始数据取自国家统计局网站资金流量表、《中国资金流量表历史资料（1992~2004）》和《中国国家资产负债表（2020）》。

从拓展利润率对比（如图 3-13 所示）中可以看出，金融企业部门的拓展利润率，在 2001 年略低于非金融企业部门的拓展利润率，但在之后的时期里始终高于非金融企业部门的拓展利润率。2001~2005 年，金融企业部门的拓展利润率经历了先上升后下降，非金融企业部门的拓展利润率则缓慢上升，二者的差距先迅速增大，后迅速缩小。2005~2007 年，二者在量值上较为接近，尽管金融企业部门的拓展利润率依然高于非金融企业部门的拓展利润率。2008~2019 年，金融企业部门的拓展利润率呈现波动较大的下降态势，而非金融企业部门的拓展利润率则明显下降，二者连续保持较大的差距。2010 年，差距甚至达到 10 个百分点，金融企业部门的拓展利润率为 22.8%，而非金融企业部门的拓展利润率仅为 12.8%。2019 年，金融企业部门的拓展利润率为 12.4%，而非金融企业部门的拓展利润率仅为 9.0%，依然有 3.5 个百分点的差距。

在 20 世纪 90 年代，金融企业部门的增加值占比和利润占比均表现

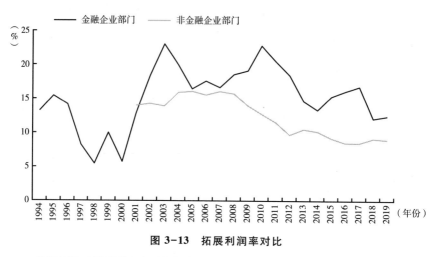

图3-13 拓展利润率对比

数据来源：原始数据取自国家统计局网站资金流量表、《中国资金流量表历史资料（1992~2004）》和《中国国家资产负债表（2020）》。

为下降的趋势，非金融企业部门的金融收入和金融成本占税后利润与拓展利润的比重也明显降低，资本积累没有出现金融化。然而自21世纪初期开始，金融企业部门的总资产占比、资产净值占比和利润占比均呈现上升的态势，非金融企业部门金融收入和金融成本占利润的比重也一度有所上升，意味着资本积累开始出现金融化的倾向。资本积累金融化的演变图景与利润率的对比状况切合，金融企业部门的拓展利润率自21世纪初期以来持续地高于非金融企业部门的拓展利润率，意味着资本积累的金融化转向与两个部门的利润率状况直接相关。2008~2019年，金融企业部门和非金融企业部门的拓展利润率整体均呈现下降的态势，但金融企业部门的拓展利润率持续地大幅高于非金融企业部门的拓展利润率，资本积累依然面临继续金融化的可能性。

五　小结

本章考察了马克思主义经济学文献较少涉及的金融企业部门利润率量度问题，对固定资产利润率、总资产利润率和税后利润率等利润率衡量方式提出批评，并主张在比较金融企业部门和非金融企业部门利润率时，采用拓展利润率作为量度指标。固定资产利润率难以准确地反映金融企业部门的盈利情况，因为固定资本在总资产以及资产净值中的比重较小。总资产利润率有可能带来重复计算，而且金融企业部门总资产和非金融企业部门总资产有着不尽相同的性质，造成金融企业部门和非金融企业部门的总资产利润率在一定程度上不具有可比性。税后利润率和拓展利润率均采用资产净值作为资产指标，但是拓展利润率考虑了金融收入和金融成本对盈利状况的影响，从而更能反映金融企业部门自有资金的盈利状况。

通过测算中国金融企业部门的各项利润率，并将之与非金融企业部门的相比较，本章发现以下几点。（1）在20世纪90年代，中国并没有出现资本积累金融化现象，而自21世纪初期开始则逐渐展现出金融化的趋势，表现为金融企业部门的增加值占比、总资产占比、资产净值占比和利润占比均出现上升态势，非金融企业部门的金融收入及金融成本占税后利润和拓展利润的比重也都一度趋于上升。（2）固定资产利润率、总资产利润率和税后利润率等衡量方式，显现出各自的局限性。金融企业部门的固定资产在总资产和资产净值中占比相对较小，而且均已不断下降。金融企业部门的税后总资产利润率在2001~2019年一直大幅低于非金融企业部门的税后总资产利润率，金融企业部门的税后利润率在2001~2012年与非金融企业部门的税后利润率较为接近，均与金融企业部门的增加值占比、总资产占比、资产净值占比和利润占比等指标的变动状况不相符合。（3）金融企业部门的拓展利润率自21世纪初期以来始终高于非金融企业部门的拓展利润率，意味着资本积累的金融化演变图景切合金融企业部门利润率相对较高的状况。2008~2019年，金融企业部门的拓展利润率持续地高于非金融企业部门的拓展利润率，意味着资本积累有着继续金融化的可能性。

应对资本积累的金融化趋势，有必要从利润率着手。通过促进非金融企业部门利润率的提升，有可能促使资本积累自动地转向非金融企业部门，这是接下来研究的一个可能方向。另外值得一提的是，在资本积累金融化的演变图景之下，不仅需要针对"总体资本"衡量一般利润率，也需要针对"许多资本"衡量非金融企业部门和金融企业部门的利润率。本章对中国金融企业部门利润率的考察，是对这个较少得到专门探讨的领域的一次研究尝试。一个不足之处是没有去掉固定资本折旧，鉴于目前尚没有被普遍接受的中国非金融企业部门和金融企业部门固定资本折旧数据，不去掉固定资本折旧至少强于去掉一个不准确的固定资本折旧，但这也是未来研究的一个可能方向。

第四章　虚拟经济利润占比的上升：一个马克思主义两部门模型及经验考察

　　中国虚拟经济（金融企业部门）税后利润在整体企业部门①税后利润中所占的份额，从 2000 年的 1.0% 大幅上升至 2018 年的 15.3%。金融企业部门利润占比的上升，伴随着资本由生产领域向金融领域的结构性转移，经济体由此面临"脱实向虚"的可能性。

　　关于最近数十年内虚拟经济（金融企业部门）利润占比上升的原因，已有文献着力分析了净息差和非利息收入（De Young and Rice，2004a，2004b）、资产管理服务和家庭信贷的手续费（Greenwood and Scharfstein，2013；Malkiel，2013）、传统的利息收入和高风险的投机及派生收入（谢富胜和匡晓璐，2019）等因素。这些研究颇有洞见，却多为描述性分析或者计量考察，而且主要针对美国经济。伦敦大学亚非学院马克思主义学者拉帕维查斯等的一项研究（Lapavitsas and Mendieta-Muñoz，2019）虽然也就美国经济进行探讨，但提供了一个少有的基于马克思主义经济学思想的两部门模型。本章尝试批判和改进这一模型，并针对中国经济做出经验考察。

---

　　①　本章将企业部门界定为"非金融企业部门加上金融企业部门"。

一 虚拟经济利润占比的变动及其描述性分析

已有研究（Krippner，2005；Lapavitsas，2013）发现，"金融化"在宏观经济层面的一个关键特征是金融企业部门（虚拟经济）利润占比的上升。中国金融企业部门的利润占比，在 20 世纪 90 年代里经历了先平稳后下降的趋势，而在 2000 年之后，则呈现快速上升的趋势（如图 4-1 所示）。2000 年，金融企业部门利润占比到达最低点，降至 1.0%。2007 年，金融企业部门利润占比已上升至 8.7%，高于 20 世纪 90 年代的最高水平（1993 年的 7.0%）。2007 年之后，金融企业部门的利润占比继续上升。

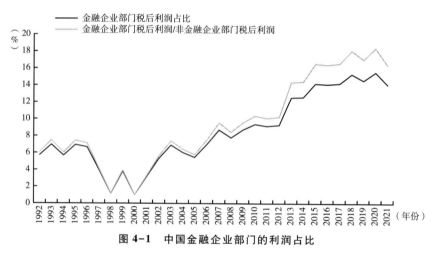

图 4-1　中国金融企业部门的利润占比

注：鉴于中央银行的利润没有单独核算，金融企业部门的利润数据取自资金流量表中的"金融机构部门"数据；金融企业部门利润占比=金融企业部门税后利润占比=金融企业部门税后利润/（金融企业部门税后利润+非金融企业部门税后利润），金融企业部门利润/非金融企业部门利润=金融企业部门税后利润/非金融企业部门税后利润，税后利润=增加值-劳动者报酬-生产税净额-收入税。

数据来源：2000~2021 年原始数据来自国家统计局网站，1992~1999 年原始数据来自《中国资金流量表历史资料（1992~2004）》。

利润占比的上升与利润率及资本量密切相关。图 4-2 展示了金融企业部门和非金融企业部门的（拓展）利润率。在 2001 年，金融企业部门的利润率为 12.9%，低于非金融企业部门的利润率 14.0%。2002～2019 年，金融企业部门的利润率则始终高于非金融企业部门的利润率。2008～2019 年，非金融企业部门的利润率呈下降趋势，而金融企业部门的利润率则先上升后下降，在多个年份均明显高于非金融企业部门的利润率。

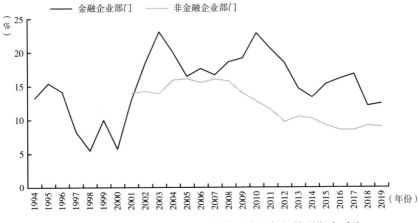

图 4-2　中国金融企业部门和非金融企业部门的利润率对比

注：拓展利润率＝拓展利润/资产净值平均余额，拓展利润＝增加值－劳动者报酬－生产税净额－收入税＋其他经常转移收入－其他经常转移支出＋（利息收入＋红利收入）－（利息支出＋其他财产收入支出）。

数据来源：原始数据来自国家统计局网站和《中国国家资产负债表（2020）》。

　　按照古典-马克思主义竞争理论，资本倾向于从利润率低的部门流向利润率高的部门。图 4-3 展示了 2000～2019 年金融企业部门的总资产和资产净值在企业部门中的占比状况。总资产占比和资产净值占比均呈现上升趋势，这与金融企业部门利润率整体持续高于非金融企业部门利润率相一致。金融企业部门的资产净值占比由 2000～2002 年的不足 6%，上升至 2015～2019 年的 10% 以上。金融企业部门的总资产占比则由 2000 年的 34.1%，上升至 2016 年的 42.9%，而后回落到 2018～2019 年的 40% 左右。

　　金融企业部门的利润率高于非金融企业部门的利润率，资本量占

图 4-3　中国金融企业部门的总资产和资产净值占比

注：金融企业部门总资产占比=金融企业部门总资产/（金融企业部门总资产+非金融企业部门总资产），金融企业部门资产净值占比=金融企业部门资产净值/（金融企业部门资产净值+非金融企业部门资产净值）；在衡量总资产和资产净值时，金融企业部门=资产负债表中除去中央银行的"金融机构部门"。

数据来源：原始数据取自《中国国家资产负债表（2020）》。

比也在提升，金融企业部门的利润占比显然会提高。金融企业部门的增加值占比情况，也与利润占比状况相联系。如图 4-4 所示，金融企业部门的增加值占整个企业部门增加值的比重，在 20 世纪 90 年代里缓慢下降，21 世纪前几年达到低点，而后呈现上升态势，直至 2015 年，之后虽然有所下降，但在量值上仍明显高于 20 世纪 90 年代的水平。

在 20 世纪 90 年代里，金融企业部门的利润占比呈下降趋势，增加值占比也呈下降趋势。而在 2000 年之后，情形则恰恰相反，金融企业部门的利润占比出现了令人印象深刻的长期提高。与之相伴随，金融企业部门增加值占比、总资产占比、资产净值占比均呈现提升的态势。与 20 世纪 90 年代相比，2000 年之后金融企业部门增加值、利润和资产量的扩张，意味着经济体出现了资本积累金融化的现象，金融企业部门利润占比的明显上升，正是这种现象的典型表现。金融企业部门的利润率

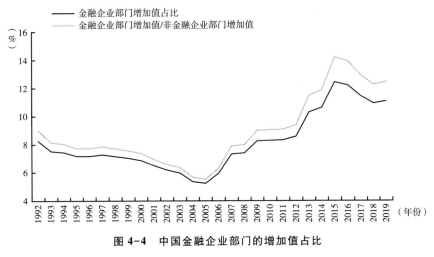

图 4-4　中国金融企业部门的增加值占比

注：金融企业部门 = 资金流量表中的"金融机构部门"，金融企业部门增加值占比 = 金融企业部门增加值/（金融企业部门增加值 + 非金融企业部门增加值）。

数据来源：2000~2019 年原始数据来自国家统计局网站，1992~1999 年原始数据来自《中国资金流量表历史资料（1992~2004）》。

和资产量状况，只能对利润占比上升做出一个简单的描述，利润占比上升的成因则需要进一步的解释。

二　一个马克思主义两部门模型的批判与改进

为了研究美国金融部门利润占比在二战以后尤其是 20 世纪 70 年代以后的历史性上升，拉帕维查斯等（Lapavitsas and Mendieta-Muñoz，2019）基于马克思主义经济学的相关思想，发展出一个包含金融部门和非金融部门的理论模型。他们发现金融部门利润占比的最重要决定因素平均而言是净息差，尽管银行的非利息收入份额也发挥了重要作用。拉帕维查斯等（Lapavitsas and Mendieta-Muñoz，2019）的模型（下文简称 LMM 模型）可以从以下三个方面进行梳理和审视。

第一，审视模型的基本假设和主要思想。基于马克思主义政治经济学，LMM 模型假设所有的利润均产生于非金融部门，但其中一部分随后分享给金融部门。模型紧密追随拉帕维查斯（Lapavitsas，2013）发展出的马克思主义金融化路径，将金融化视为成熟经济发展过程中的一个特定历史时期。同时，模型吸收戈德利和拉沃（Godley and Lavoie，2007）的研究，包含存量-流量一致模型的重要因素。模型表明，金融利润与总利润之比，正向依赖于金融部门的净息差（即净利息收入与生息资产之比），以及金融机构赚取的非利息收入（即生产所必需的金融服务赚取的收入，这些服务与提供信贷和金融资产不同，非金融部门需要为这些服务支付费用）份额。金融利润与总利润之比，负向依赖于金融机构的非利息支出份额、经济体的一般利润率，以及金融部门的总资本存量与生息资产之比。

拉帕维查斯等通过 LMM 模型考察了 1955~2014 年，尤其是 1974~2014 年金融化时期的美国经济，发现金融利润占比在金融化时期里的非同寻常的提高，源自银行净息差以及非利息收入份额的正向效应。具体考察结果为：金融化确实是一个独特的历史时期，大致开始于 20 世纪 70 年代中期，由金融利润占比的上升轨迹能够看出；短期和长期估计结果表明，金融利润占总利润比重的主要决定因素是净息差；与整个时期 1955~2014 年相比，在金融化时期 1974~2014 年，净息差的效应增强；非利息收入份额在金融利润占比的上升中扮演重要角色，但不及净息差。

第二，审视基于存量-流量分析搭建起的模型框架。为了考察金融利润占比，拉帕维查斯等构建的经济模型，包括一个非金融部门和一个金融部门。非金融部门，持有经济体的全部生产资本和商业资本存量，同时依靠借贷来融资。金融部门，产生信用，发行金融资产，这些金融资产为需要保持流动性的非金融部门所持有。在此模型中，非金融部门和金融部门的资本所有者，构成经济体的资本所有者阶层。单个资本能够不受阻碍地同时或相继投资于两个部门。资本在两个部门的投资及之间的转移，不受阻碍。总利润的最终来源被假设为商品生产部门，在此关键的方面，模型的基础是马克思主义的。金融部门承担货币资本的借入和贷出、金融服务的供应，以及资产比如债券的购买与销售。金融部门也被假设为承担其他一些资产的交易，这些资产不直接是金融的，但已经有很强的金融属性，比如房地产。这些活动对于经济作为一个整体而言是必需的，但因而赚取的利润最终代表产自生产领域的利润的一部分。

LMM 模型将经济体的核心活动刻画为，在一个分成金融部门和非金融部门（集团）的资本所有者阶层内，重新配置服务和价值的流量与存量的过程。这种在一个经济体内分析金融的进路，借鉴了日本马克思主义的宇野学派的相关思想（Itoh and Lapavitsas，1999：chapter 3-4）。模型核心的流量是利润，它在两个集团里重新分配。为了抓取两个集团之间重要的相互作用，模型也依赖于一个借鉴存量-流量一致传统的综合核算框架。模型的关注点在于产生自非金融部门的利润流及其在两个部门之间的分配。模型先构建两个部门的资产负债表，接着确定由此带来的一致性要求。

如表 4-1 和表 4-2 所示，K 表示总资本存量，其资金部分来自职能资本所有者直接拥有的资本 S，部分来自从金融部门的借贷 L。职能资本所有者在其活动的正常进程中也持有金融资产 B（典型的是为了流动性），这些金融资产由金融机构发行，用于为他们自己的活动融资。金融资本所有者也投资他们自己直接拥有的资本 G。因此，B 能被视为经济体的存款或者流动有价证券。就它们分别是非金融和金融资本所有者的股本或者净值而言，S 和 G 是负债。$\delta\Pi$ 代表金融部门的非利息收入，$\gamma\Pi$ 代表金融部门的非利息支出，它们被假设为源自生产性部门的总利润 Π 的一定份额。

表 4-1　非金融部门和金融部门的资产负债表

非金融部门		金融部门	
资产	负债	资产	负债
K	S	L	G
B	L		B

资料来源：Lapavitsas 和 Mendieta-Muñoz（2019）中的表 1。

表 4-2　资产负债矩阵以及收入与成本的额外资金流

变量	非金融部门	金融部门	总计
生产性资本	$+K$	0	$+K$
贷款	$-L$	$+L$	0
有价证券/存款	$+B$	$-B$	0
股本（净值）	$-S$	$-G$	$-S-G$
合计	0	0	0
额外的收入和成本	$-\delta\Pi$	$+\delta\Pi-\gamma\Pi$	$-\gamma\Pi$
总和	$-\delta\Pi$	$+\delta\Pi-\gamma\Pi$	$-\gamma\Pi$

资料来源：Lapavitsas 和 Mendieta-Muñoz（2019）中的表 2。

　　模型的基本行为假设为：非金融资本所有者投资他们自有的资本 S 以及借入的资本 L，同时购买金融资产 B，目标是生产商品并创造经济体的全部利润。金融资本所有者投资他们自有的资本 G，来提供信贷 L，这些信贷支持非金融资本所有者的生产活动。金融资本所有者同时也发行金融负债 B，金融负债被非金融资本所有者持有，用以提供流动性和容许价值的临时储存。两类资本所有者的目标显然均在于最大化利润。

　　在模型中，金融资本所有者也提供服务，这些服务不同于供给信贷和金融资产（比如 L 和 B），但也是生产所必需的。金融部门提供支付设备、转账服务、金融资产的安全保管、保险箱、金融资产的交易设施等，非金融部门需要为这些服务支付费用。此外，金融部门在提供这些服务以及信贷服务时，需要承担相应的费用支出。这些服务和费用支出对应额外的收入和成本流动，分别表示为 $\delta\Pi$ 和 $\gamma\Pi$，它们在表 4-2 中单独核算。由于额外的收入与成本的存在，表 4-2 中资金流的总和是负的，而不是零，但这并不意味着不一致。恰恰相反，与马克思主义政治经济学的金融理论相一致，负的总和反映了由于金融的存在而造成的两个部门的价值流失。也就是说，金融部门对整体经济施加了一个净成本即非生产费用 $\gamma\Pi$，它代表着从总利润中的一种扣除（Lapavitsas，2013）。

有必要强调两点。（1）LMM 模型借鉴标准的马克思主义分析，将金融视为一个中介部门，它支持价值（剩余价值）的创造，进而支持非金融资本所有者对总利润的创造。它得出的结论涉及银行的总体金融盈利能力，而不是关于银行创造的金融利润类型。（2）LMM 模型背后的金融化路径关注银行在金融化过程中的行为转化（Lapavitsas，2013）。具体而言，银行已经放弃为投资进行融资，这些投资已经能够更加强劲地通过留存利润进行自我融资，银行通过从金融资产和房地产交易中获得利润。这种转变代表了一个不同于标准马克思主义分析的重要变化，构成了所考察的金融化的历史特征的一个重要组成部分。

金融资本所有者不仅是经济运行的中介机构，而且是构成资本所有者阶层一部分的利润追逐者。为了寻求利润最大化，他们通过积极地管理他们的资产和负债，提供信贷和非信贷服务。他们不是食利者（即资本借贷利息的被动接受者），而是为非金融资本所有者提供信贷和其他服务的活跃资本所有者。通过这样做，他们得到产生自生产性部门的总利润的一定份额。总利润的划分反映了金融和非金融资本所有者的盈利策略，以及这两个部门之间的整体平衡。这些行为假设支撑了模型的分析。决定模型中总利润划分的条件，得自一般利润率的普遍存在，它起因于经济体中的竞争，也就是从根本上起因于资本所有者有能力投资于任意部门，因而最终在两个部门之间平均化了收益。①

第三，审视金融部门利润占比的决定因素。产生自非金融部门的利润即经济体的总利润 Π 可写作：

$$\Pi = rK = r(S + L - B)$$

r 是一般利润率。此等式陈述了经济体的总利润由生产性部门创造。金融利润 F，则反映了金融机构的行为：

---

① 这是马克思主义的金融（尤其是银行业）分析的一个根本条件，参见 Itoh 和 Lapavitsas（1999：95-96）以及 Shaikh（2016：449-452）。总利润的划分需要服从于表 4-2 规定的流量条件。

$$F = i_L L - i_B B + \delta\Pi - \gamma\Pi$$

i_L是金融机构所发放贷款 L 的利息率，$i_L L$ 代表利息收入；i_B是金融机构发行的金融资产的利息率（借入率），因此 $i_B B$ 代表利息支出。

当金融部门与非金融部门互相作用时，金融机构赚取非利息收入 *NII*（noninterest income），比如赚取的费用和佣金，同时面临非利息支出 *NIE*（noninterest expenses），比如支付给雇员的工资和薪酬。这些是表4-2中的额外资金流。可将非利息收入和非利息支出，均视为产生于生产性部门的总利润的份额。对于马克思主义政治经济学而言，金融部门的雇佣工人不创造利润（剩余价值），即使金融部门提供的服务是生产所必需的。金融部门支付的工资，作为其非利息支出的最大组成部分，是一种必须从总利润中扣除的无谓损失。拉帕维查斯等（Lapavitsas and Mendieta-Muñoz，2019）认为，抓取二者的最简单方式，是假设它们均是利润 Π 的组成部分，因而他们令 $NII=\delta\Pi$，$NIE=\gamma\Pi$，其中 $0<\delta<1$，$0<\gamma<1$。

基于马克思主义经济学思想，拉帕维查斯等（Lapavitsas and Mendieta-Muñoz，2019）假设一般利润率在两个部门保持一致。金融部门的资产 L 不产生平均利润而是赚取利息。金融部门衡量其关于自有预付资本 G 的利润率，此利润率被平均化于整体预付资本 K 的利润率。K 为资产，而 G 为负债，是一种不对称。此不对称捕捉了两个部门属性的差别，即生产性与中介性。因此，有：

$$F = rG$$
$$r = \frac{\Pi}{K} = \frac{F}{G}$$

生产性部门的净利润 E 为：

$$E = \Pi - F - \gamma\Pi = rK + i_B B - i_L L - \delta\Pi$$

可将之表述为：

$$E + F = \Pi - \gamma\Pi = (1-\gamma)\Pi$$

此式表明，尽管非利息收入 *NII* 是两个部门之间的一种利润转移，非利息支出 *NIE* 却是从总利润中的一种净扣除，是经济体的一种负担，它的出现纯粹源于具有一个构成整体所必需的金融体系。事实上，金融资本所有者索取和耗费此部分总利润，作为运行金融体系的一种必要成本。由上述方程式得到金融利润占总利润比重的表达式：

$$\frac{F}{\Pi} = \frac{i_{\mathrm{L}}L - i_{\mathrm{B}}B + \delta\Pi - \gamma\Pi}{rK} = \frac{(i_{\mathrm{L}}L - i_{\mathrm{B}}B)/L}{r(K/L)} + \delta - \gamma$$

$$\frac{F}{\Pi} = \frac{i_{\mathrm{L}}L - i_{\mathrm{B}}B + \delta\Pi - \gamma\Pi}{\Pi} = \frac{(i_{\mathrm{L}}L - i_{\mathrm{B}}B)/L}{\Pi/L} + \delta - \gamma$$

$(i_{\mathrm{L}}L - i_{\mathrm{B}}B)/L$ 代表金融部门的净息差 *NIM*（net interest margin），即净利息收入除以生息资产。δ 和 γ，分别代表非利息收入和非利息支出占经济体总利润的份额。r 表示一般利润率。K/L 代表总资本存量与生息资产之比，它可被阐释为非金融部门的一种负债指数。在这个简化的两部门模型中，资产-股权比或者杠杆率是 $(K+B)/S$，Π/L 则代表总利润与生息资产之比。

金融利润的相对比重 *F/Π*，正向依赖于净息差 *NIM*。净息差捕捉金融资本所有者索取利息和提供超过其所支付利息的净信贷的能力，它是对两个部门资本所有者之间平衡的一种重要量度。*F/Π* 也正向依赖于金融资本所有者提取的非利息收入占总利润的份额 δ，它能够更充分地反映两个部门资本所有者之间的互相作用。这些因素是在金融化过程中金融部门占有创造于非金融部门的利润的一部分的主要途径。

$$\frac{F}{\Pi} = \frac{NIM}{r(K/L)} + \delta - \gamma$$

$$\frac{F}{\Pi} = \frac{NIM}{\Pi/L} + \delta - \gamma$$

另外，*F/Π* 反向依赖于金融部门的非利息支出占总利润的份额 γ。非利息支出是一个负担，是一种金融强加给经济体的非生产费用。在这些非利息支出中，可能隐藏着金融利润，尤其是可能隐藏于薪酬和奖金等形式中。同时，*F/Π* 还反向依赖于一般利润率 r，以及总资本存量与

生息资产之比 K/L。具有负向效应的这三个变量，分别捕捉从金融部门泄漏出的利润、内在的利润率以及生产资本所有者对金融的依赖。

拉帕维查斯等的两部门模型，从理论上详细说明了金融利润占总利润比重的决定因素，代表着金融化文献的一个突破。模型之中所有相关变量均能够衡量，因而能够促进基于国民收入统计数据的计量分析。此外，全部的解释变量也均与政治经济学相关范畴有直接的对应关系，允许对金融化路径进行批判性评估。金融化路径通过两个部门资本所有者之间的关系来表示，金融利润占总利润的比重是一个总括指标。LMM模型突破性地基于马克思主义政治经济学，为金融利润占比的上升提供了一个异端解释，但似乎存在下述两个方面的问题。

第一点批评，LMM 模型研究金融化，却假设金融资本利润率与非金融资本利润率相等。金融化是一个阶段，在此阶段里，资本积累出现了由生产资本向金融资本的转向。引致这种转向，并与之相伴随的，是金融资本利润率在相当长的时期内持续高于生产资本利润率。哈维（2017a：26-31）指出，金融化是一种利润率修复。正是因为金融资本的利润率高于生产资本的利润率，生产资本才倾向于将资本转入金融领域，以提升盈利水平。

金融部门和非金融部门的利润率在长期有平均化的趋势，但在一定阶段里，两个部门的利润率可能出现持续的差异。譬如，对于拉帕维查斯等（Lapavitsas and Mendieta-Muñoz，2019）所讨论的美国经济而言，金融部门利润与非金融部门利润之比，以及金融部门利润占企业部门总利润的比重，自 20 世纪 70 年代以来均显著提升。对于中国经济而言，2002~2019 年，金融企业部门的利润率持续高于非金融企业部门的利润率。

令 r_f 表示金融部门利润率，令 r_n 表示非金融部门利润率，则有：

$$F = r_f G$$
$$r_n = \frac{\Pi}{K}$$

$$\frac{\Pi}{K} = r_{\mathrm{n}} \neq r_{\mathrm{f}} = \frac{F}{G}$$

由此得到：

$$\frac{\Pi}{K} \neq \frac{F}{G}$$

$$\frac{F}{\Pi} \neq \frac{G}{K}$$

这意味着，金融部门与非金融部门之间没有实现"等量资本获取等量利润"，金融部门的自有资本获取的利润，可能持续地高于非金融部门的等量资本获取的利润。当两个部门的等量资本不能够获取等量利润时，有必要分析出现这种情况的深层次原因。

第二点批评，此模型并没有阐明净息差与金融部门利润占比之间的关系。在多种可能性之下，净息差与金融利润占比之间可能有着不同的变动关系。（1）当生息资产增加，净息差降低，但净利息收入依然有可能增加，进而金融利润占比增长时，金融利润占比与净息差反向变动。（2）当生息资产增加，净息差提高，净利息收入增加，金融利润占比增长时，金融利润占比与净息差正向变动。（3）当净息差降低或者增加，生息资产减少或者增加，净利息收入降低，但非利息收入份额增加或者非利息支出份额减少时，金融利润占比依然可能增长，此时金融利润占比与净息差的关系是不确定的。

如果金融部门利润与非金融部门利润之比上升，但是金融部门资产与非金融部门资产之比也上升，那么金融部门利润率与非金融部门利润率将可能没有明显变动。此时，只能够说有更多的资本流入了金融部门。然而，对于2000年之后的中国经济而言，相对于非金融企业部门，金融企业部门的利润占比上升，总资产和资产净值占比也均呈现上升趋势，而且金融企业部门的利润率也整体持续高于非金融企业部门的利润率。

考虑到金融部门利润率与非金融部门利润率在一定阶段里可能存在差异，有必要对拉帕维查斯等（Lapavitsas and Mendieta-Muñoz，2019）

的模型进行修改。鉴于净利息收入是大型商业银行等金融部门营业收入的主要来源，因此可假定非利息收入和非利息支出均是净利息收入的一定比率：

$$非利息收入 = \theta(i_L L - i_B B)$$
$$非利息支出 = \varphi(i_L L - i_B B)$$
$$F = i_L L - i_B B + \theta(i_L L - i_B B) - \varphi(i_L L - i_B B) = (1 + \theta - \varphi)(i_L L - i_B B)$$
$$\frac{F}{\Pi} = \frac{(1 + \theta - \varphi)(i_L L - i_B B)}{r_n K} = (1 + \theta - \varphi) \cdot \frac{i_L L - i_B B}{L} \cdot \frac{1}{r_n} \cdot \frac{L}{K}$$
$$\frac{F}{\Pi} = (1 + \theta - \varphi) \cdot NIM \cdot \frac{1}{r_n} \cdot \frac{L}{K}$$

其中，K 为非金融部门的固定资产，r_n 为非金融部门的利润率；L 是金融部门的生息资产，也是非金融部门的负债，L/K 为非金融部门的负债与固定资产之比，是非金融部门的一种负债比率。当 $0<\theta<1$，$0<\varphi<1$ 时，金融利润占比与净息差成正比，与非金融部门的总资产利润率成反比，与非金融部门的负债比率 L/K 也成正比。

修改后的模型考虑了在金融化时期，金融部门利润率和非金融部门利润率可能存在的不一致，而且在一定条件下（$0<\theta<1$，$0<\varphi<1$）给出了金融利润占比与净息差、利润率以及负债比率之间的关系。金融部门的非利息支出占净利息收入的比例越高，金融利润占比可能越少。非金融部门的利润率越高，资本越倾向于流入非金融部门，非金融部门的利润可能相对越多，金融利润占比可能越少。这两个方面是比较显然的。而模型蕴含的另外三种可能性则值得关注。（1）净息差可能与金融利润占比成正比。净息差越大，金融利润占比越大，金融部门利用生息资本盈利的方式，不是"薄利多销"，而是"厚利多赚"。（2）非利息收入占比可能与金融利润占比成正比。非利息收入占比的提升，促进了金融利润占比的增大。（3）生息资产与固定资产之比可能与金融利润占比成正比。也就是说，生息资产占生产资本的比例越大，金融部门利润占比越大。本章的实证研究部分着重探讨这三个方面，将净息差、非利息收入占比和生息资产与非金融部门固定资产之比作为主要解释变量，

同时选取非金融部门利润率、非利息支出占净利息收入的比重等作为控制变量。

三　对中国经济的经验考察

囿于数据的可得性，本章选取大型商业银行作为金融企业部门的代表，考察它们与非金融企业部门的利润互动[①]。参照中国银行保险监督管理委员会的界定[②]，在 2018 年之前，"大型商业银行"包括中国工商银行、中国农业银行、中国银行、中国建设银行和交通银行，2018 年起大型商业银行包括中国邮政储蓄银行，2019 年起大型商业银行数据包括中国邮政储蓄银行数据，与此前年度不可比。本章为了保持数据的一致性和可比性，仍沿用"大型商业银行"的原定义，将之界定为包括中国工商银行、中国农业银行、中国银行、中国建设银行和交通银行。

数据为中国工商银行、中国农业银行、中国银行、中国建设银行和交通银行 2000~2018 年的面板数据。本章所用相关数据的数据来源为：（1）《中国金融年鉴》（2001~2019 年）；（2）国家统计局网站资金流量表；（3）《中国国家资产负债表（2020）》。

根据理论模型，将计量模型设定为：

$$\ln fp_{it} = \beta_0 + \beta_1 \ln nim_{it} + \beta_2 \ln nii_{it} + \beta_3 \ln lk_{it} + \sum_{j=1}^{3} \mu_j \ln X_j + u_i + \varepsilon_{it}$$

$$\sum_{j=1}^{3} \mu_j \ln X_j = \mu_1 \ln rn_{it} + \mu_2 \ln nie_{it} + \mu_3 \ln ptax_{it}$$

个体 $i = 1 \sim 5$，分别代表中国工商银行、中国农业银行、中国银行、中国建设银行和交通银行。各变量指标的界定及数据来源如表 4-3 所示。

---

① 根据《中国金融年鉴》，2018 年银行业金融机构税后利润为 22848.3 亿元，其中大型商业银行税后利润为 9573.2 亿元；2018 年证券公司净利润为 623.9 亿元，保险公司净利润为 1918.28 亿元。大型商业银行的税后利润，在银行业金融机构、证券公司和保险公司的总税后利润中所占的份额，达到 37.7%。

② 参见中国银行保险监督管理委员会网站的"数说十三五发展成就"银行业专题（http：//www.cbirc.gov.cn/cn/view/pages/ItemDetail.html？docId = 970583&itemId = 954），以及《中国银行业监督管理委员会 2010 年报》中"附录 7：主要名词术语解释"。

表4-3　各变量指标的界定及数据来源

变量	符号	界定	数据来源
金融利润占比	fp	各银行净利润/非金融企业部门税后利润	《中国金融年鉴》(2001~2019年)中的各银行利润表;国家统计局网站资金流量表(2000~2018年)
净息差	nim	各银行的净利息收入/生息资产	《中国金融年鉴》(2001~2019年)中的各银行利润表和资产负债表
非利息收入占比	nii	各银行的非利息收入/净利息收入	《中国金融年鉴》(2001~2019年)中的各银行利润表
负债比率	lk	生息资产/非金融企业部门固定资产	《中国金融年鉴》(2001~2019年)中的各银行资产负债表;《中国国家资产负债表(2020)》
非金融企业部门利润率	rn	非金融企业部门税后利润/非金融企业部门固定资产	国家统计局网站资金流量表(2000~2018年);《中国国家资产负债表(2020)》
非利息支出占比	nie	非利息支出/净利息收入	《中国金融年鉴》(2001~2019年)中的各银行利润表
税收比率	ptax	各银行营业税金及附加/非金融企业部门生产税净额	《中国金融年鉴》(2001~2019年)中的各银行利润表;国家统计局网站资金流量表(2000~2018年)

其中,"净利息收入"等于利息收入减去利息支出;"生息资产"包括现金及存放中央银行款项、存放同业和其他金融机构款项、拆出资金、金融投资、买入返售金融资产和发放贷款及垫款;"非利息收入"包括手续费及佣金净收入、投资净收益、公允价值变动净收益、汇兑净收益和其他业务收入;"非利息支出"包括业务及管理费和其他业务成本。各变量指标的数据如表4-4所示。

表4-4　大型商业银行的各项指标数据

年份	fp	nim	rn	lk	nii	nie	ptax
2000	0.009	0.015	0.210	1.160	0.293	0.850	0.037
2001	0.009	0.018	0.208	1.068	0.197	0.677	0.025
2002	0.011	0.019	0.201	1.040	0.194	0.646	0.018

续表

年份	fp	nim	rn	lk	nii	nie	ptax
2003	0.022	0.025	0.190	0.870	0.192	0.589	0.015
2004	0.029	0.029	0.211	0.775	0.184	0.524	0.015
2005	0.030	0.028	0.218	0.780	0.200	0.532	0.014
2006	0.032	0.030	0.224	0.790	0.204	0.537	0.015
2007	0.040	0.029	0.231	0.934	0.222	0.503	0.014
2008	0.047	0.031	0.232	0.924	0.201	0.416	0.018
2009	0.055	0.023	0.204	1.021	0.286	0.471	0.016
2010	0.061	0.023	0.195	1.007	0.278	0.440	0.016
2011	0.065	0.025	0.185	0.926	0.306	0.430	0.018
2012	0.072	0.025	0.163	0.885	0.297	0.429	0.020
2013	0.067	0.025	0.167	0.838	0.314	0.433	0.020
2014	0.065	0.026	0.158	0.782	0.312	0.428	0.021
2015	0.063	0.024	0.144	0.745	0.337	0.425	0.022
2016	0.060	0.020	0.138	0.740	0.425	0.476	0.008
2017	0.054	0.020	0.132	0.673	0.362	0.453	0.003
2018	0.049	0.020	0.137	0.661	0.356	0.433	0.003

数据来源：《中国金融年鉴》（2001~2019 年）、国家统计局网站资金流量表（2000~2018 年）、《中国国家资产负债表（2020）》。

　　从图 4-5 能够看出，大型商业银行净利润与非金融企业部门税后利润之比，在 2000~2012 年呈现上升的趋势，2012 年之后有所下降，但仍然明显高于 21 世纪初的量值。金融企业部门与非金融企业部门税后利润之比在 2000 年之后明显上升，而大型商业银行净利润与非金融企业部门税后利润之比却在 2012 年之后出现下降，表明 2012 年之后，金融企业部门中其他机构的盈利能力比大型商业银行更强。

　　从图 4-6 中能够看出，大型商业银行的净息差在 2000~2008 年趋向上升，2009 年明显下降，之后有所上升，2014 年以后又呈现下降趋势。从图 4-7 中能够看出，非利息收入与净利息收入之比在 2001 年下

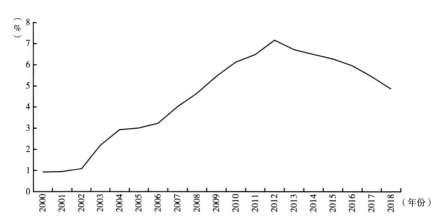

图 4-5 大型商业银行净利润与非金融企业部门税后利润之比（金融利润占比）

数据来源：原始数据取自《中国金融年鉴》（2001～2019年）和国家统计局网站年度数据。

降，在2002～2008年比较平稳，在2009～2016年趋向上升，而后略有下降。非利息支出与净利息收入之比在2000～2008年趋于下降，在2009～2018年稳定在45%上下。从图4-8中能够看出，大型商业银行生息资产与非金融企业部门固定资产之比，则在2000～2004年下降，在2005～2009年上升，而后缓慢下降。

图 4-6 大型商业银行的净息差

数据来源：原始数据取自《中国金融年鉴》（2001～2019年）。

图 4-7　大型商业银行的非利息收入与非利息支出占比

数据来源：原始数据取自《中国金融年鉴》（2001~2019 年）。

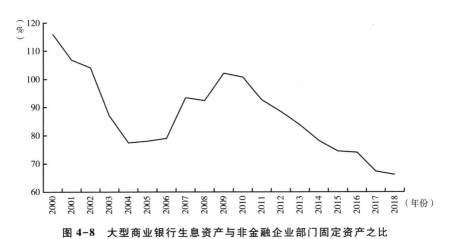

图 4-8　大型商业银行生息资产与非金融企业部门固定资产之比

数据来源：原始数据取自《中国金融年鉴》（2001~2019 年）和《中国国家资产负债表（2020）》。

　　由于 $n=5$、$T=19$，所以是长面板数据。在计量考察时，先采用三种常用的面板单位根检验方法 LLC 检验、IPS 检验和 Hadri LM 检验，检验被解释变量和主要解释变量的平稳性。表 4-5 展示了检验结果，从中能够看出，被解释变量 $\ln fp$ 在三种检验中，均显著拒绝面板包含单位根的原假设；解释变量 $\ln nii$ 和 $\ln lk$ 也均在 1% 的显著性水平上拒绝原假设；解释变量 lnnim 在 LLC 检验和 IPS 检验中均强烈拒绝原假设，在 Hadri LM 检验中于 10% 的显著性水平上拒绝原假设。基于检验结果能够大致认为，被解释变量和主要解释变量的面板数据均为平稳过程。

表 4-5　面板单位根检验

变量	LLC 检验		IPS 检验		Hadri LM 检验	
	统计量	p 值	l 统计量	p 值	z 统计量	p 值
lnfp	−32. 3183	0. 0000	−3. 5733	0. 0002	4. 2691	0. 0000
lnnim	−10. 9589	0. 0000	−3. 3848	0. 0004	1. 4041	0. 0801
lnnii	−2. 3523	0. 0093	−3. 0147	0. 0013	3. 4318	0. 0003
lnlk	−3. 2621	0. 0006	−3. 5664	0. 0002	3. 7058	0. 0001

长面板数据中可能存在的个体固定效应，只需采用最小二乘虚拟变量法（LSDV 法）即可处理，也即只需要加入个体虚拟变量。而长面板数据的扰动项，则可能存在"组间异方差""组内自相关"和"组间同期相关"，关于长面板数据的计量考察，需要对这三个方面进行检验和处理。

首先，利用沃尔德检验考察是否有组间异方差。[1] 原假设为"不同个体的扰动项的方差都相等"。分别采用双向固定效应模型和可行广义最小二乘法（FGLS）模型进行检验，得到的统计量数值均为 279.09，p 值均为 0.0000，意味着均拒绝原假设，支持存在组间异方差。

其次，利用沃尔德检验考察是否存在组内自相关。[2] 原假设为"不存在一阶组内自相关"。检验得到的 F 统计量数值为 3.219，p 值为 0.1473，意味着在 10% 以内的显著性水平上，可以接受原假设，支持不存在一阶组内自相关。

最后，利用 Breusch-Pagan LM 检验考察是否存在组间同期相关。[3]

---

① 具体检验方法参见 Greene（2000）中的第 598 页。
② 具体检验方法参见 Wooldridge（2002）中的第 282~283 页。
③ 具体检验方法参见 Greene（2000）中的第 601 页。

原假设是"不存在组间同期相关"。检验得到的 Breusch-Pagan LM 统计量为 20.670，p 值为 0.0235，意味着在 5% 的显著性水平上，能够拒绝原假设，支持存在组间同期相关。

鉴于存在组间异方差和组间同期相关，有必要采用能够同时考虑组间异方差、组间同期相关以及组内自相关的可行广义最小二乘法。表 4-6 展示了四种计量方法的估计结果。第（1）列是不加控制变量的混合回归，第（2）列是加上控制变量的混合回归，第（3）列是考虑了组间异方差和组间同期相关，但没有加控制变量的可行广义最小二乘法回归，第（4）列是考虑了组间异方差和组间同期相关，并加上控制变量的可行广义最小二乘法回归。第（3）和第（4）列还同时考虑了个体固定效应和时间固定效应。前两列估计结果仅作为参照，后两列则提供了在存在组间异方差和组间同期相关情况之下的可信结果。

表 4-6　计量结果

变量	（1）OLS-1	（2）OLS-2	（3）FGLS-1	（4）FGLS-2
lnnim	3.373***	1.664***	2.368***	1.672***
	(0.429)	(0.358)	(0.194)	(0.328)
lnnii	0.943***	0.859***	0.488***	0.646***
	(0.194)	(0.135)	(0.075)	(0.087)
lnlk	0.731***	0.939***	1.533***	1.016***
	(0.195)	(0.186)	(0.232)	(0.364)
lnrn		-0.997**		-0.293
		(0.429)		(0.483)
lnnie		-2.264***		-1.562***
		(0.295)		(0.189)
ln$ptax$		-0.043		0.028
		(0.129)		(0.096)
常数项	10.23***	0.550	6.075***	1.962
	(1.843)	(1.473)	(1.020)	(1.252)

续表

变量	（1） OLS-1	（2） OLS-2	（3） FGLS-1	（4） FGLS-2
观测值	95	95	95	95
R^2	0.453	0.777		
个体固定效应	否	否	是	是
时间固定效应	否	否	是	是
组间异方差	否	否	是	是
组间同期相关	否	否	是	是

注：括号内是标准误；*** 、** 、* 分别表示在1%、5%和10%的水平上显著。

从第（3）和第（4）列的估计结果能够看出，$\ln nim$、$\ln nii$ 和 $\ln lk$ 的系数均在1%的水平上显著。由此说明，净息差、非利息收入占比和负债比率均对金融利润占比构成显著的正向影响。加入控制变量之后，系数估计值有所变动，说明控制变量与主要解释变量有一定的多重共线性，但并没有对系数显著性构成影响。控制变量中，$\ln nie$ 的系数在1%的水平上显著，非金融企业部门利润率（rn）和税收比率（$ptax$）则没有构成显著影响。非金融企业部门利润率没有构成显著影响，原因可能在于金融利润占比与两个部门相对的利润率相关，单个部门的利润率绝对值不一定构成显著影响。

接着从两个方面进行稳健性检验。第一，考虑组内自相关。虽然沃尔德检验支持不存在一阶组内自相关，但考虑到长面板数据出现自相关的可能性较大，因而可尝试采用同时考虑组间异方差、组间同期相关以及组内自相关的可行广义最小二乘法进行考察。表4-7第（1）和第（2）列考虑组内自相关，假设个体扰动项均服从自回归系数相同的一阶自回归 AR（1）过程，并同时考虑组间异方差和组间同期相关，其中第（1）列不加控制变量，第（2）列加上控制变量。第（3）和第（4）列考虑组内自相关，并允许个体扰动项服从自回归系数不同的一阶自回归 PSAR（1）过程，同时考虑组间异方差和组间同期相关，其中第（3）列不加控制变量，第（4）列加上控制变量。这四列结果显示，lnnim 和 lnnii 的系数均在 1% 的水平上显著，lnlk 的系数在前三列里于 1% 的水平上显著，在第（4）列里于 5% 的水平上显著。

表 4-7　稳健性检验——考虑组内自相关

变量	（1）AR(1)-1	（2）AR(1)-2	（3）PSAR(1)-1	（4）PSAR(1)-2
lnnim	2.267***	1.744***	2.285***	1.587***
	(0.230)	(0.333)	(0.179)	(0.304)
lnnii	0.479***	0.634***	0.471***	0.562***
	(0.081)	(0.086)	(0.064)	(0.071)
lnlk	1.440***	1.066***	1.374***	0.879**
	(0.287)	(0.379)	(0.235)	(0.355)
lnrn		-0.358		0.0475
		(0.508)		(0.478)
lnnie		-1.378***		-1.060***
		(0.194)		(0.162)
lnptax		0.0221		0.0567
		(0.100)		(0.092)
常数项	5.559***	2.263*	5.616***	2.293**
	(1.223)	(1.296)	(0.959)	(1.164)
观测值	95	95	95	95
个体固定效应	是	是	是	是
时间固定效应	是	是	是	是
组间异方差	是	是	是	是
组间同期相关	是	是	是	是
组内自相关	是	是	是	是

注：括号内是标准误；***、**、* 分别表示在 1%、5% 和 10% 的水平上显著。

第二，调整控制变量。将控制变量依次加入模型，进行比较。表 4-8 中的四列结果均采用考虑组间自相关和组间同期相关的可行广义最小二乘法估计得到，均考虑个体固定效应和时间固定效应。从中能够看出，依次加入控制变量，并不影响 lnnim、lnnii 和 lnlk 系数的显著性，三者的系数在四列中均在 1% 的水平上显著。加入非利息支出占比之后，三个主要解释变量的系数大小均有较为明显的变动，说明非利息支出占比与三者可能有多重共线性，但并没有影响到它们系数的显著性。加入非金融企业部门利润率和税收比率之后，不仅没有影响到主要解释变量系数的显著性，系数大小的变动也较小。

表 4-8　稳健性检验——调整控制变量

变量	（1）FGLS-1	（2）FGLS-3	（3）FGLS-4	（4）FGLS-2
ln*nim*	2.368 ***	1.645 ***	1.786 ***	1.672 ***
	(0.194)	(0.203)	(0.261)	(0.328)
ln*nii*	0.488 ***	0.629 ***	0.661 ***	0.646 ***
	(0.075)	(0.068)	(0.077)	(0.087)
ln*lk*	1.533 ***	1.063 ***	1.161 ***	1.016 ***
	(0.232)	(0.232)	(0.267)	(0.364)
ln*nie*		−1.553 ***	−1.530 ***	−1.562 ***
		(0.157)	(0.163)	(0.189)
ln*rn*			−0.436	−0.293
			(0.457)	(0.483)
ln*ptax*				0.028
				(0.096)
常数项	6.075 ***	2.182 **	2.285 **	1.962
	(1.020)	(1.087)	(1.114)	(1.252)
观测值	95	95	95	95
个体固定效应	是	是	是	是
时间固定效应	是	是	是	是
组间异方差	是	是	是	是
组间同期相关	是	是	是	是

注：括号内是标准误；*** 、 ** 、 * 分别表示在1%、5%和10%的水平上显著。

　　上述两个稳健性检验的结果表明，在考虑个体固定效应、时间固定效应、组间异方差、组间同期相关，并加入控制变量之后，模型的计量结果是比较稳健的。净息差、非利息收入占比和负债比率，均对金融企业部门利润占比构成显著的正向影响。

四　小结

中国虚拟经济（金融企业部门）税后利润占比在 2000 年之后呈现快速上升的态势。与之相伴随，金融企业部门的利润率长期高于非金融企业部门的利润率，金融企业部门的总资产占比和资产净值占比均表现出上升的趋势。利润率的相对较高和资产的相对增加，为利润占比的上升提供了初步的解释，进一步的解释则需要分析利润占比上升背后的原因。

拉帕维查斯等（Lapavitsas and Mendieta-Muñoz，2019）基于马克思主义经济学思想构建的两部门模型，为金融企业部门利润占比的上升提供了一种解释。此模型在两个方面存在问题。一方面，该模型研究金融化，却假设金融资本利润率与非金融资本利润率相等。另一方面，此模型并没有阐明净息差与金融部门利润占比之间的关系。有必要从这两个方面对模型进行改进。改进之后的模型蕴含三个理论假设。（1）净息差越大，金融利润占比越大，金融部门利用生息资本盈利的方式，不是"薄利多销"，而是"厚利多赚"。（2）非利息收入占比的提升，促进了金融利润占比的增大。（3）生息资产占生产资本的比例越大，金融企业部门利润占比越大。

针对中国金融企业部门和非金融企业部门的实证考察结果，支持改进模型的上述理论假设。在处理长面板数据可能存在"组间异方差""组内自相关"和"组间同期相关"之后，计量模型的估计结果表明，净息差、非利息收入占比和负债比率均对金融企业部门利润占比构成显著的正向影响。

基于本章的研究，为了调节金融企业部门利润占比的上升以及预防可能出现的"脱实向虚"，有必要从促进净息差的市场调节、规范非利息收入和鼓励调控负债比率等方面着手。由于数据的限制，本章没能够在实证研究时针对全部金融企业部门进行考察，这是进一步研究的一个可能方向。

第五章 利润率的"技术修复"和技术进步的卡尔多-凡登法则

本章首先采用多种指标衡量实体经济的利润率，比较两种讨论利润率下降成因的马克思主义框架，并考察利润率的"技术修复"。其次考察技术进步的卡尔多-凡登法则及相关争论，分析该法则是否依赖于核算恒等式，并探究"供给侧-需求侧凡登法则悖论"的成因，从而给出一个拓展模型。

一 实体经济的利润率下降和利润率的"技术修复"

（一）实体经济多种利润率指标的一致动态

本部分对实体经济的利润率进行多方面量度，梳理出实体经济的利润率动态。实体经济（非金融企业部门）资产和负债指标的数据来自《中国国家资产负债表（2020）》（李扬和张晓晶等，2020）。《中国国家资产负债表（2020）》主要利用四个方面的数据编制非金融企业部门的资产负债表，分别是四次经济普查数据、各时期资金流量表、金融统计数据以及不同口径的非金融企业部门资产负债表。

首先，利用第四次经济普查数据补全第二次和第三次经济普查数据中缺失的行业负债总量，得到各个经济普查年份里非金融企业部门的资产总额、负债总额和所有者权益（如表 5-1 所示），作为后续估算的基准。

表 5-1　四个经济普查年份非金融企业部门的资产和负债数据

单位：万户，亿元

年份	企业户数	资产总额	负债总额	所有者权益
2004	514.5	559463	321541	237922
2008	707.1	1160483	673029	487454
2013	1082.6	3045603	1819301	1226302
2018	1857.0	5685000	3423000	2262000

数据来源：《中国国家资产负债表（2020）》中的第 64 页。

其次，基于不同口径的非金融企业部门资产负债表以及相关的国民经济统计数据，估算出非经济普查年份里的非金融企业部门资产总额和负债总额。分别估算出非经济普查年份里工业部门、建筑业部门和第三产业的总资产，将三者相加得到非金融企业部门的总资产。采用类似的方法，得到在非经济普查年份里非金融企业部门的总负债。

最后，估算非金融企业部门的非金融资产、金融资产和负债。非金融资产项目主要包括固定资产、存货和其他非金融资产（包括无形资产和递延资产等）。《中国国家资产负债表（2020）》比较了估计固定资产的三种方法。第一种方法是比例替代法，将各行业上市公司的固定资产占比看作全行业平均水平，并将之与已估算出的各行业总资产相乘即可得到各行业固定资产，加总得到非金融企业部门固定资产总额。由于各行业上市公司的固定资产占比，与行业内其他公司的固定资产占比相比可能偏大，因而此方法对固定资产有高估的倾向。第二种方法，是利用资金流量表中的"固定资本形成总额"数据，作为新增固定资产流量的永续盘存法。由于固定资本形成总额数据不包括土地购置费、旧设备和旧建筑物购置费，因而在土地价格和房地产价格上升的状况之下，此方法对自 2010 年以来的固定资产有低估的倾向。第三种方法，是利用《中国固定资产投资统计年鉴》中的"新增固定资产投资"数据，作为新增固定资产流量的永续盘存法。此方法考虑了土地购置费、旧设备和旧建筑物购置费的价格变动，在做出一些调整之后，此方法的估计结果较为可信。

非金融企业部门各项资产和负债指标的衡量公式，分别为：总资产＝非金融资产＋金融资产；非金融资产＝固定资产＋存货＋其他非金融资产；金融资产＝货币资金＋应收账款＋保险＋债券＋直接投资＋未贴现银行承兑汇票＋其他金融资产；负债＝贷款＋应付账款＋债券＋直接投资＋未贴现银行承兑汇票＋其他负债；所有者权益＝总资产－负债。衡量得到的数据如表 5-2 所示。

表 5-2　非金融企业部门的资产和负债（2000~2019 年）

单位：亿元

年份	总资产	固定资产	存货	负债	所有者权益
2000	339270	97325	47442	190341	148929
2001	379340	112038	53415	214556	164784
2002	420225	127178	58129	239120	181105
2003	479765	147002	72335	274243	205522
2004	559463	176114	87555	321541	237922
2005	667233	195637	113498	383983	283250
2006	787359	223357	137287	454126	333233
2007	964815	266200	163274	557806	407009
2008	1160483	322553	206819	672785	487698
2009	1381447	374538	245996	804957	576490
2010	1726118	454947	339199	1011988	714130
2011	2143325	566519	455587	1262912	880413
2012	2558797	669883	555518	1518384	1040412
2013	3045603	774885	691631	1820321	1225282
2014	3495979	903952	783671	2097264	1398714
2015	3961571	1034072	832486	2381770	1579801
2016	4499207	1154782	895288	2712313	1786894
2017	5092609	1367949	1000262	3074501	2018108
2018	5685000	1534702	1090571	3423000	2262000
2019	6268955	1751211	1193439	3772795	2496160

数据来源：《中国国家资产负债表 2020》中的第 78~79 页。

某一年度的资产和负债存量，显然均为年末数据。由于资产产生盈利需要一个过程，在计算利润率时，有必要使用上年年末的数据或者本年度的平均数据。本章采用本年度的平均数据，即计算各项资产在当期的平均余额。各项资产和负债指标平均余额及相关指标的计算公式如下，计算得到的数据见表5-3。总资产平均余额=（上期总资产×价格变动指数+当期总资产）/2；固定资产平均余额=（上期固定资产×价格变动指数+当期固定资产）/2；存货平均余额=（上期存货×价格变动指数+当期存货）/2；固定资产加存货平均余额=（上期固定资产加存货×价格变动指数+当期固定资产加存货）/2；负债平均余额=（上期负债×价格变动指数+当期负债）/2；所有者权益平均余额=（上期所有者权益×价格变动指数+当期所有者权益）/2；GDP平减指数=名义GDP/实际GDP；价格变动指数=当期GDP平减指数/上期GDP平减指数。

表5-3　非金融企业部门的资产和负债平均余额（2001~2019年）

单位：亿元

年份	总资产平均余额	固定资产平均余额	存货平均余额	固定资产加存货平均余额	负债平均余额	所有者权益平均余额
2001	362770.9	105675.7	50913.15	156588.9	204393	158377.9
2002	400929.7	119946.8	55933.54	175880.4	227486.9	173442.8
2003	455469.3	138746.8	65989.26	204736	259796.6	195672.8
2004	536296.3	166669.5	82460.22	249129.8	307427.9	228868.4
2005	624264.8	189312	102235	291547	359036.3	265228.6
2006	740400.2	213339.2	127621.6	340960.8	426595.8	313804.4
2007	906593.9	253432.7	155599.8	409032.5	523561.5	383032.4
2008	1100237	304747.4	191407.5	496154.9	637027.1	463210.2
2009	1269743	348206	226189.8	574395.7	738162.8	531580.6
2010	1601312	427628.8	301061.2	728689.9	936167.6	665144.6
2011	2004419	529102.8	411089.2	940192	1178312	826106.6
2012	2376086	624815.5	510871.8	1135687	1405393	970691.9
2013	2829848	729622.1	629576.9	1359199	1685759	1144089
2014	3286510	843417.8	741220.6	1584638	1968187	1318322
2015	3728715	968996.5	808065	1777061	2239481	1489233

年份	总资产平均余额	固定资产平均余额	存货平均余额	固定资产加存货平均余额	负债平均余额	所有者权益平均余额
2016	4258266	1101704	869745.1	1971449	2563802	1694464
2017	4891148	1285810	966726.7	2252537	2950822	1940326
2018	5477873	1475251	1062911	2538162	3302523	2175350
2019	6013587	1652839	1149028	2801867	3619940	2393646

数据来源：原始数据来自国家统计局网站和《中国国家资产负债表（2020）》。

实体经济（非金融企业部门）的利润指标，与虚拟经济（金融企业部门）一致，也可以采用下列五种不同的界定方式分别进行核算，各项利润指标的数据如表5-4所示。税前利润=增加值-劳动者报酬；扣除生产税的利润=增加值-劳动者报酬-生产税净额；税后利润=增加值-劳动者报酬-生产税净额-收入税；扣除其余经常转移的税后利润=增加值-劳动者报酬-生产税净额-收入税-其余经常转移净支出[①]；拓展利润=增加值-劳动者报酬-生产税净额-收入税-其余经常转移净支出+（利息收入+红利收入+其他财产收入）-（利息支出+地租支出+其他财产收入支出）。

表5-4 非金融企业部门的各项利润（1992~2018年）

单位：亿元

年份	税前利润	扣除生产税的利润	税后利润	扣除其余经常转移的税后利润	拓展利润
1992	8256.5	5115.8	4442.7	3939.8	2851.7
1993	12469.1	7887.4	7357.4	6698	5052.4
1994	16341.4	10316	9893.6	8990.6	6483.5
1995	21235.6	13976.8	13489.6	12286.8	9709.9
1996	23656.4	14907.2	14241.6	12825	9688.1
1997	26195.7	16264.4	15460.9	13486.4	11113.1
1998	28372.8	17611.4	16865	15492.8	12208.6

---

① 其余经常转移净支出=社会补助+其他经常转移支出-其他经常转移收入。

续表

年份	税前利润	扣除生产税的利润	税后利润	扣除其余经常转移的税后利润	拓展利润
1999	30320.4	18648.4	17709.3	16031.2	13462.2
2000	30340.99	21754.07	20407.95	20376.82	19528.63
2001	35664.02	25427.9	23253.3	23137.4	22158.17
2002	40218.7	27687.35	25500.05	25334.49	24763.93
2003	45593.88	30545.84	27938.32	27752.66	27208.29
2004	58959.22	40618.57	37126.84	36885.89	36445.09
2005	68147.02	46836.09	42588.98	42291.78	42697.84
2006	80180.99	55186.45	50039.69	49681.01	48821.99
2007	98862.87	68371.11	61463.66	61053.58	61554.47
2008	118821.3	83583.99	74866.67	74425.68	72961.26
2009	123560.7	84736.43	76382.54	75632.33	74285.8
2010	148038.1	99101.33	88907.45	87784.69	84869.24
2011	176230.9	118387.7	105020.7	102524.3	95440.29
2012	187144.3	123935.5	109184	105788	94194.96
2013	211894.0	146192.7	129655.7	125571	120200
2014	230362.9	160539.9	142912.5	139659.8	134393.5
2015	235250.5	167513.8	148772.7	145079.5	136967.6
2016	254160.1	179160.8	159029.1	155594.8	144302
2017	286619.8	204170	179987.7	175897.1	165025
2018	325871.5	237941.8	210311	207136.7	198710.6

数据来源：2000~2018年原始数据来自国家统计局，1992~1999年原始数据来自《中国资金流量表历史资料（1992~2004）》。

　　实体经济（非金融企业部门）的利润率也采用与虚拟经济（金融企业部门）的利润率基本一致的衡量方法，分别采用固定资产（加存货）、总资产和资产净值作为资产的衡量指标，结合不同的利润指标，对利润率进行衡量。

　　首先，使用固定资产加存货作为资产的衡量指标，可以有下列四种利润率计算方式，分别是：税前固定资产加存货利润率＝（增加值-劳动者报酬）/固定资产加存货平均余额；扣除生产税的固定资产加存货利润率＝（增加值-劳动者报酬-生产税净额）/固定资产加存货平均余

额；税后固定资产加存货利润率＝（增加值-劳动者报酬-生产税净额-
收入税）/固定资产加存货平均余额；扣除其余经常转移的税后固定资
产加存货利润率＝（增加值-劳动者报酬-生产税净额-收入税-其余经
常转移净支出）/固定资产加存货平均余额。

从图5-1能够看出，利用固定资产加存货作为分母计算出来的税
前、扣除生产税的和税后利润率，在2001～2008年比较稳定，而在
2009～2017年呈现持续的下降趋势，但在2018年略有回升。

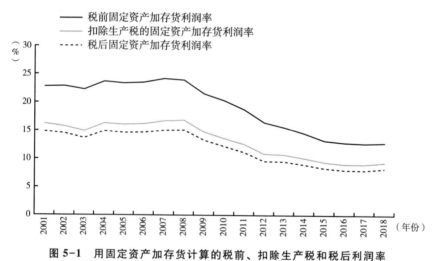

图5-1　用固定资产加存货计算的税前、扣除生产税和税后利润率

数据来源：原始数据来自国家统计局网站和《中国国家资产负债表（2020）》。

如图5-2所示，扣除其余经常转移的税后固定资产加存货利润率，
与税后固定资产加存货利润率，在量值和趋势上基本一致。二者均在
2001～2008年比较稳定，在2009～2012年下降速度较快，在2013～2017
年下降速度有所减缓，在2018年则出现回升。

其次，使用总资产作为资产的衡量指标，依然可以列出如下所示的
四种利润率测算公式：税前总资产利润率＝（增加值-劳动者报酬）/总
资产平均余额；扣除生产税的总资产利润率＝（增加值-劳动者报酬-生
产税净额）/总资产平均余额；税后总资产利润率＝（增加值-劳动者报
酬-生产税净额-收入税）/总资产平均余额；扣除其余经常转移的税后

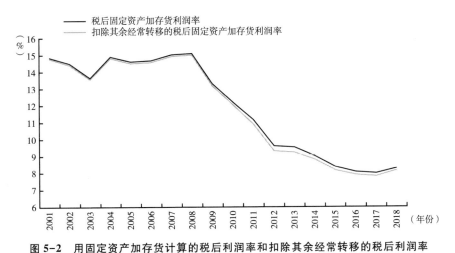

图 5-2 用固定资产加存货计算的税后利润率和扣除其余经常转移的税后利润率

数据来源：原始数据来自国家统计局网站和《中国国家资产负债表（2020）》。

总资产利润率＝（增加值－劳动者报酬－生产税净额－收入税－其余经常转移净支出）／总资产平均余额。

从图 5-3 能够看出，税前总资产利润率、扣除生产税的总资产利润率和税后总资产利润率，均在 2001~2008 年比较稳定，在 2009~2018 年先持续下降后略有回升。税前总资产利润率与扣除生产税的总资产利润率之间的差别，在 2001~2012 年比较稳定，在 2013~2018 年有所减小，表明 2013~2018 年生产税净额有所减少。扣除生产税的总资产利润率与税后利润率之间的差别，在考察期内大致保持稳定，表明收入税相对稳定。

图 5-4 表明，扣除其余经常转移的税后总资产利润率与税后总资产利润率在量值和趋势上基本一致。扣除其余经常转移的税后总资产利润率，略低于税后总资产利润率，表明其余经常转移净支出在考察期内为正值，但是相对较小。

最后，采用资产净值作为资产的衡量指标，分别利用税前利润、扣除生产税的利润、税后利润、扣除其余经常转移的税后利润以及拓展利润作为利润的衡量指标，可以测算下列五种利润率，利润率计算公式以

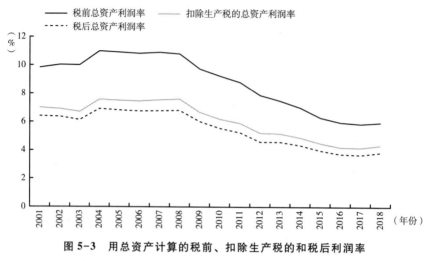

图 5-3 用总资产计算的税前、扣除生产税的和税后利润率

数据来源：原始数据来自国家统计局网站和《中国国家资产负债表（2020）》。

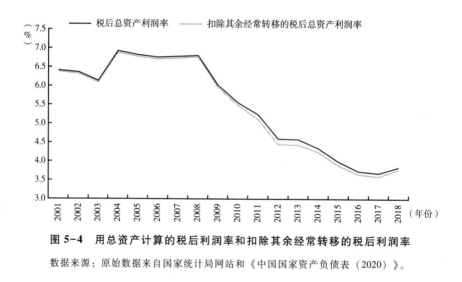

图 5-4 用总资产计算的税后利润率和扣除其余经常转移的税后利润率

数据来源：原始数据来自国家统计局网站和《中国国家资产负债表（2020）》。

及相关指标的衡量方式，如下所示：税前利润率＝（增加值-劳动者报酬）/资产净值平均余额；扣除生产税的利润率＝（增加值-劳动者报酬-生产税净额）/资产净值平均余额；税后利润率＝（增加值-劳动者报酬-生产税净额-收入税）/资产净值平均余额；扣除其余经常转移的税后利润率＝（增加值-劳动者报酬-生产税净额-收入税-其余经常转移净支出）/资产净值平均余额；拓展利润率＝拓展利润/资产净值平均余额；拓展利润＝增加值－劳动者报酬－生产税净额－收入税－其余经常转移净支出＋（利息收入＋红利收入＋其他财产收入）－（利息支出＋地租支出＋其他财产收入支出）；其余经常转移净支出＝社会补助＋其他经常转移支出－其他经常转移收入；资产净值＝所有者权益。

　　从图5-5和图5-6能够看出，用资产净值计算的税前利润率、扣除生产税的利润率和税后利润率有着大致相同的趋势，三者均在2001~2008年比较稳定，在2009~2018年先持续下降后略有回升。扣除其余经常转移的税后利润率与税后利润率基本一致，前者在量值上略小于后者，表明其余经常转移净支出为正。拓展利润率小于扣除其余经常转移的税后利润率，表明金融收入小于金融成本。2010~2018年，拓展利润率与扣除其余经常转移的税后利润率之间的差别，变得比较明显，说明金融收入与金融成本的差额相对扩大。非金融企业部门在获取金融收入的过程中，耗费了更多的金融成本。

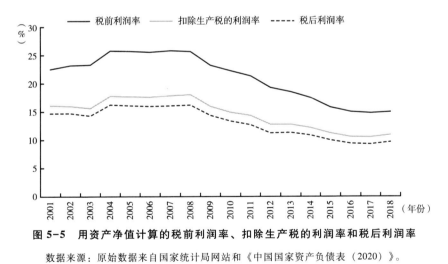

图5-5　用资产净值计算的税前利润率、扣除生产税的利润率和税后利润率

数据来源：原始数据来自国家统计局网站和《中国国家资产负债表（2020）》。

　　如图5-7所示，金融收入占税后利润和拓展利润的比重，均在1992~2001年大致呈现下降趋势，而在2002~2012年趋于上升，之后趋于下降。

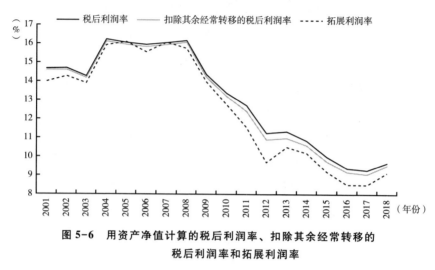

图5-6 用资产净值计算的税后利润率、扣除其余经常转移的税后利润率和拓展利润率

数据来源：原始数据来自国家统计局网站和《中国国家资产负债表（2020）》。

图5-7 金融收入占税后利润和拓展利润的比重

注：金融收入=利息收入+红利收入+其他财产收入。

数据来源：2000~2018年原始数据来自国家统计局，1992~1999年原始数据来自《中国资金流量表历史资料（1992~2004）》。

　　如图5-8所示，金融成本占税后利润和拓展利润的比重，均在1992~2002年趋于下降，在2003~2005年较为平稳，在2006~2012年趋于上升，在2013年出现较大幅度下降，之后缓慢下降。

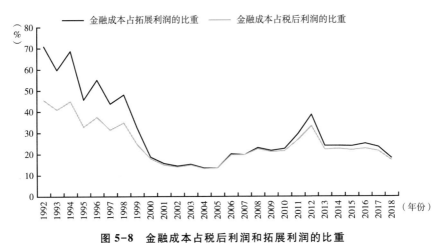

图 5-8　金融成本占税后利润和拓展利润的比重

注：金融成本 = 利息支出 + 地租支出 + 其他财产收入支出。

数据来源：2000~2018 年原始数据来自国家统计局，1992~1999 年原始数据来自《中国资金流量表历史资料（1992~2004）》。

　　将金融收入和金融成本结合起来看，在 20 世纪 90 年代，金融收入和金融成本的占比均呈现明显的下降趋势。在 2001 年之后，金融收入和金融成本的占比则均表现出上升趋势。

　　如图 5-9 所示，将非金融企业部门的四种利润率，即税后固定资产加存货利润率、税后利润率、税后总资产利润率和拓展利润率进行比较，可发现非金融企业部门的四种利润率呈现比较一致的变动趋势，均在 2001~2008 年比较稳定地处于高位，在 2009~2018 年则呈现明显的下降态势。

（二）利润率下降的成因分析与"技术修复"

　　自 20 世纪 70 年代以来，马克思主义经济学关于利润率下降和危机的研究产生了三个流派。第一个流派主张，利润率下降和危机的爆发可归因于资本有机构成的提高，该流派的主要代表是曼德尔和谢克。第二个流派则把利润率下降和危机归于实现困难，该流派的主要代表是以斯威齐为首的"《每月评论》派"。第三个流派的观点往往被称作"利润挤压论"，认为工资成本上涨侵蚀利润份额，是造成利润率下降和危机

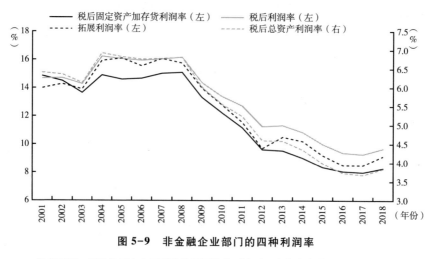

图 5-9 非金融企业部门的四种利润率

数据来源：原始数据来自国家统计局网站和《中国国家资产负债表（2020）》。

的主要原因。这一派的人数在三派中最多，调节学派、积累的社会结构学派、宇野学派的主要人物都隶属于这一派。

美国学者韦斯科普夫（Weisskopf，1979）提出了一个分析利润率变动的框架，试图整合上述三种理论，并利用相关数据对三种理论进行实证检验。他的研究结论维护了"利润挤压论"的观点，即工资成本上升是造成利润份额下降和利润率下降的主要原因。韦斯科普夫将利润率定义为利润量和资本存量的比率。该比率又可进一步分解为以下三项不同的因素，即利润份额、产能利用率和产能-资本比率：

$$\rho = \frac{\Pi}{K} = \frac{\Pi}{Y} \cdot \frac{Y}{Z} \cdot \frac{Z}{K} = \sigma_\pi \varphi \zeta$$

其中，Π 是利润量，K 是资本存量，Y 是实际产出（或收入），Z 是潜在产出（或产能）。这样一来，利润率 ρ 就等于利润份额 σ_π、产能利用率 φ 和产能-资本比率 ζ 这三者的乘积。上述等式通过将利润率分解为三项不同因素，概括前述三种马克思主义危机理论。[①]

---

① 关于韦斯科普夫分析框架的优势和局限性，参见孟捷和李亚伟（2014）。

另一位马克思主义学者哈维（2003：193-196；2017b：66-71）则利用"空间修复"理论来探讨利润率下降。"空间修复"范畴最初指资本在面临利润率下降时在地理空间中进行转移，而后拓展到对空间本身（比如生产和消费的建筑环境）的生产。哈维还将整个经济分为两个部门，即资本的初级循环和次级循环。资本的初级循环指的是产业资本在生产性部门所经历的循环；资本的次级循环则可以扩大到所有虚拟资本所经历的循环。哈维主张，在下述两种条件下，资本会有从初级循环流向次级循环的趋势：第一，在初级循环中出现过度积累和利润率下降；第二，在次级循环中形成所谓的阶级-垄断地租。前一个条件是推力，后一个条件是拉力，两股力量共同作用，造成了资本由初级循环向次级循环转移。哈维对两种循环的区分，揭示了垄断结构（其标志是阶级-垄断地租在次级循环的普遍形成）对积累和资本盈利率的影响。哈维的分析，贴近于当代金融化的现实。[①]

学者西尔弗（Silver，2003）在哈维"空间修复"及相关研究的基础上，进一步提出三种利润率修复方式，分别为"技术修复"即重构劳动过程、改变生产组织方式等，"产品修复"即构造新市场、创造新需求等，"金融修复"即资本由实体领域转入金融领域进行投机。李怡乐（2019）将韦斯科普夫的分析进路和哈维等学者的利润率修复理论相结合，认为对于利润挤压，有助于降低成本的"空间修复"和"技术修复"往往能够起到缓解的作用；对于剩余价值实现困难，可依靠开拓新生产领域、新产品类型的"空间修复"和"产品修复"；对于资本有机构成上升，生产过程优化重组与前沿科学技术带来的劳动生产率增长能够对冲。

然而，"金融修复"会造成虚拟经济脱离于实体经济，是不可持续的方式。"空间修复"是可行的方式，却会面临资源、环境、人口和基础设施等的限制。"技术修复"和"产品修复"分别依赖于工艺创新和

[①] 对于哈维的金融化理论的全面分析和评价，参见孟捷和龚剑（2014）。

产品创新，可以统称为由技术进步带来的"技术修复"。这种由技术进步带来的"技术修复"，才是修复实体经济乃至整体经济利润率的可持续的有效方式。

二 技术进步的卡尔多-凡登法则及相关争议考察

卡尔多-凡登法则（Kaldor-Verdoorn law），又被称为"凡登法则"或者"卡尔多第二定律"。它揭示了需求和产出增长对技术进步的长期驱动效应，为长期经济增长以及地区增长差异提供了一个需求视角的解释路径。此法则由荷兰学者凡登（Verdoorn，2002：28-36）于1949年发现，但在之后十余年内并没有受到重视，仅有少数几次引用（Clark，1957：359；Clark，1962：39；Arrow，1962）。直到英国经济学家卡尔多（Kaldor，1966：10-18）在就职剑桥大学讲座教授的著名演讲中阐释并应用了此法则，才令它声名大噪。凡登的论文最初是以意大利语发表的，许多研究者并没有读到原始文献。为了方便大家阅读，英国学者瑟尔沃尔（Thirlwall，2002：ix-xi）在1973年将之翻译成英文，然而当他就发表事宜给凡登写信时，却意外地遭到凡登拒绝。凡登认为自己的论文及所谓的"凡登法则"具有局限性，将之以英文发表，只会引起误导。瑟尔沃尔尊重凡登的意见，直至凡登去世之后才将译稿发表。

凡登的自我质疑，并没有阻止凡登法则成为研究的一个聚焦点。在卡尔多的阐释之后，关于此法则的文献大量出现。1999年，纪念凡登初始论文发表五十周年的会议在意大利的热那亚大学召开，会议论文选集的引言部分（McCombie et al.，2002：1-27），罗列了探究凡登法则的文献资料，列出数量达到84篇，而这只是一个不完全的统计。数十年来，凡登法则持续受到广泛的关注，也经历了多次争论，譬如沃尔菲（Wolfe，1968）与卡尔多（Kaldor，1968）的争论，卡尔多（Kaldor，1975）与罗桑（Rowthorn，1975a，1975b）关于就业方程的争论，罗桑（Rowthorn，1979）、凡登（Verdoorn，1980）与瑟尔沃尔（Thirlwall，

1980) 等围绕凡登论文数学附录的争论等。

近年来又起纷争,新近的争议涉及下列两个问题。(1)卡尔多-凡登法则能够从新古典总量生产函数中推导出来,它在经验考察上的成功是否也归因于背后存在一个核算恒等式?(Lavoie,2018:303-330)(2)当供给侧的因素对增长构成约束时,卡尔多-凡登法则是否失效?相关学者的系列研究(Angeriz et al.,2008,2009;Magacho and McCombie,2017,2018)发现,针对同一组数据考察卡尔多-凡登法则,如果采用"需求侧路径"进行分析,规模报酬递增的效应显著;而采用"供给侧路径"进行分析,规模报酬递增的效应却不显著。此系列研究均得出的这种相互矛盾的结果,构成了一个"供给侧-需求侧凡登法则悖论"。

本节尝试结合上述两个问题对卡尔多-凡登法则进行考察。首先,梳理凡登和卡尔多关于此法则的思想以及引发的争论;其次,分析卡尔多-凡登法则是否依赖于核算恒等式,探讨其理论基础;最后,分析"供给侧-需求侧凡登法则悖论",讨论凡登法则能否和如何纳入供给侧因素。

(一) 凡登的法则、卡尔多的阐释及相关的争论

长期经济计划面临的一个难点是如何估计未来的劳动生产率,考虑到不能假设劳动生产率的年度增长率不变,也不能使用生产函数,凡登(Verdoorn,2002:28-36)在 1949 年给出了一种替代性的方法①。他基于 1870~1914 年和 1915~1930 年多个国家的统计数据,发现在长期中劳动生产率增长和工业产量增长之间存在相当固定的关系。他考察了上述两个时期内的工业部门及其多个分部门,发现劳动生产率相对于产出的弹性均位于 0.41~0.57 区间,平均值约为 0.45。凡登对此的解释是,大市场创造了进一步分工合理化的可能性,产出扩大对生产率的影响类似于机械化带给生产率的效应。

---

① 凡登的原文在 1949 年以意大利语发表,本章引用其英文译稿。

在其论文的数学附录中，凡登提供了一个理论模型，尝试证明劳动生产率相对于产出的弹性在长期保持稳定。首先，他基于柯布-道格拉斯生产函数，用数学形式表述出劳动生产率相对于产出的弹性[①]，表达式中包含资本相对于劳动的弹性以及生产函数中的两个参数。用 X、L、K、λ 分别表示产出量、劳动量、资本量和劳动生产率，$\dot{X}$、$\dot{L}$、$\dot{K}$ 分别为产出量、劳动量和资本量的一阶导数。劳动生产率相对于产出的弹性 $e_{\lambda X}$ 可写成：

$$e_{\lambda X} = \frac{\dfrac{\mathrm{d}(X/L)}{\mathrm{d}t}}{X/L}\bigg/\frac{\dot{X}}{X} = 1 - \frac{\dot{L}/L}{\dot{X}/X} \tag{5-1}$$

令生产函数为 $X = L^{\alpha_1} K^{\alpha_2}$，转化成变动率的形式即 $\dfrac{\dot{X}}{X} = \alpha_1 \dfrac{\dot{L}}{L} + \alpha_2 \dfrac{\dot{K}}{K}$。将之代入式（5-1）得到：

$$e_{\lambda X} = 1 - \frac{1}{\alpha_1 + \alpha_2\left(\dfrac{\dot{K}/K}{\dot{L}/L}\right)} \tag{5-2}$$

其次，凡登采用与丁伯根（Tinbergen，1959：182-219）相类似的一系列方程式，证明资本相对于劳动的弹性的不变性。资本相对于劳动的弹性不变，生产函数的参数不变，则劳动生产率相对于产出的弹性就保持不变。

凡登这种估算未来劳动生产率的做法是有问题的，即使他的推导过程能够成立，劳动生产率增长率与产出增长率之间存在相对稳定的关系，也依然难以估计未来的劳动生产率，因为未来的产出增长率同样属于未知，而且有着不确定性。凡登难以达成自己的目标，却为分析技术进步的内生化探索了一条路径。虽然凡登的研究在发表后仅为少数学者所引用和探讨，但是"生产率增长与产出增长之间的经验关系"已被

---

① 凡登（Verdoorn，2002：28-36）指出，采用更一般化的生产函数也可以得出类似的表达式。

称作"凡登法则"，而且 Clark（1957：359）写道："此领域之凡登博士，将堪比收入分配领域之帕累托"。

在卡尔多引述和阐释之后，凡登法则开始广受关注，继而被称作"卡尔多-凡登法则"或者"卡尔多第二定律"。[①] 卡尔多（Kaldor，1966：1-40）在其就职演讲中利用凡登法则等增长规律分析了英国经济增长缓慢的原因。[②] 他的解释逻辑是：整体经济的增长率与制造业（第二产业）的增长率高度相关；制造业产出的快速增长，引起制造业生产率的快速提高（即凡登法则），进而整体生产率快速提高，整体经济快速增长；农业中存在的储蓄劳动力或隐性失业能够为第二、第三产业提供劳动力，是制造业快速增长的一个主要条件；英国工业化进程开始得比较早，工业难以从其他部门的劳动力储备中吸收所需的劳动力，因而不再能够快速增长，由此导致英国经济增长缓慢。

基于凡登法则，卡尔多梳理了 12 个工业化国家在 1953/1954 ~ 1963/1964 年的产出、劳动生产率和就业的增长率，并将经验结果总结为两个方程式：

$$\hat{\lambda} = 1.035 + 0.484\hat{X} \qquad\qquad (5-3)$$

$$\hat{L} = -1.028 + 0.516\hat{X} \qquad\qquad (5-4)$$

其中 $\hat{\lambda}$ 是劳动生产率增长率，$\hat{L}$ 是就业增长率，$\hat{X}$ 是产出增长率。劳动生产率定义为 $\lambda = X/L$，转化为增长率形式即 $\hat{\lambda} = \hat{X} - \hat{L}$。式（5-3）和式（5-4）实际上是看待同一关系的两种不同方式，一个方程是另一

---

① 卡尔多与凡登曾经做过同事。1948~1949 年，二人均在位于日内瓦的欧洲经济委员会研究和计划部（the Research and Planning Division of the Economic Commission for Europe）工作，卡尔多是部门主管。

② 瑟尔沃尔（Thirlwall，1983）于《后凯恩斯主义经济学杂志》（*Journal of Post Keynesian Economics*）庆祝卡尔多75岁诞辰的专栏里，总结了卡尔多的三条增长规律：第一，制造业产出增长和 GDP 增长之间存在显著的相关关系；第二，制造业生产率增长率和制造业产出增长率之间存在显著的正相关关系；第三，制造业产出增长越快，从非制造业向制造业的劳动力转移速率越快，因此总劳动生产率增长正相关与制造业的产出和就业增长，负相关与非制造业的就业增长。

个方程的镜像，两个方程中产出增长率的系数之和应当等于 1，两个常数项之和也应当等于 0。按照卡尔多的解释，两个常数项之和与 0 略有差异，只是因为数据凑整带来的一点偏差。式（5-3）中产出增长率的系数，通常被称作凡登系数①。

卡尔多与凡登均从实际数据中得到了劳动生产率增长率与产出增长率之间的长期关系，也均从亚当·斯密的分工理论出发来讨论这一现象。但是，凡登的法则与卡尔多阐释的"凡登法则"有着两个方面的不同。（1）二者对技术进步的强调程度不同。凡登仅指出产出的扩大创造了劳动分工和专业化的可能性，在数学附录中他采用的是静态柯布-道格拉斯生产函数，并没有包含技术进步，尽管他随后也意识到这个问题（Verdoorn，1980）。卡尔多则吸收阿林·杨格（Young，1928）②的思想，明确地用规模报酬递增来解释凡登法则，而且认为产出增长引致劳动生产率增长的原因，不仅在于静态的规模报酬递增，即大量生产带来的规模经济，而且在于动态的规模报酬递增，即"干中学"和随着资本积累而嵌入的技术进步。（2）二者对待总量生产函数的态度不同。凡登和卡尔多均利用凡登法则替代总量生产函数，但动因不同。卡尔多认为资本加总存在问题，总量生产函数并不存在。凡登却是因为在做长期规划时不能使用将来有可能变化的生产函数，才尝试寻找替代性的办法。他并不反对总量生产函数，而且尝试利用总量生产函数在理论上解释凡登法则。凡登和卡尔多的不同，尤其是关于总量生产函数的不同思想，持续影响着后来学者对凡登法则的理论解释。

关于凡登法则的表达式，存在一个"静态-动态凡登法则悖论"。麦康比（McCombie，1982）发现，当使用生产率和产出量的增长率构建凡登法则表达式时，估计的结果支持规模报酬递增效应的存在；然而，当使用生产率和产出量的对数值构建表达式时，估计的结果却支持

---

① 式（5-4）中产出增长率的系数也被一些研究称为凡登系数，本章为了避免混淆，只将式（5-3）中的系数称为凡登系数。

② 阿林·杨格梳理并拓展了亚当·斯密关于规模报酬递增的思想。

规模报酬不变。他将这种矛盾的结果称为"静态-动态凡登法则悖论"。经过多年的研究,麦康比和罗伯茨(McCombie and Roberts,2007)给出了一种解释,将此悖论归因于空间加总偏差,也即用于核算数据的区域范围往往不是理想的功能性经济区域,由此造成一种导向规模报酬不变的估计偏差。他们从理论上说明,采用增长率形式的凡登法则表达式,将对规模报酬递增的实际程度给出一种相对无偏差的估计。安格里兹等(Angeriz et al.,2008,2009)和麦康比(McCombie et al.,2018)为他们的解释和理论说明提供了经验支持。

在卡尔多进行阐述之后,凡登法则引发了持续多年的论战,许多学者参与其中。罗桑提出的批评以及卡尔多和凡登的回应,是论战的典型代表。罗桑(Rowthorn,1975a)批评卡尔多在检验生产率增长率与就业增长率之间的关系时采用了错误的统计程序,即先让生产率增长率和就业增长率分别对产出增长率做回归,再间接得到产出增长率与就业增长率的关系。罗桑认为应当直接让生产率增长率对就业增长率做回归,由于国家之间有差异,两种回归估计出的参数可能不同。

卡尔多(Kaldor,1975)则在回应中强调,产出增长决定于外生的需求增长,而不是生产要素的增长,经济增长是由需求增长引致的;凡登法则的成立,不仅需要生产率增长率与产出增长率的关系式成立,也需要就业增长率与产出增长率的关系式成立;前者的成立并不一定意味着后者的成立,只有当二者都成立时才是规模报酬递增。卡尔多同时也对他自己的观点做出修正,放弃了将经济增速低下归因于由"经济成熟"导致的劳动力短缺,但更加强调需求的外生部分尤其是出口在决定生产率增长率趋势中的作用。

罗桑(Rowthorn,1975b)在回复卡尔多时讨论了产出和就业之间的相互作用,并质疑将需求视为外生因素,认为更高的生产率会通过扩大出口、增加利润、促使工业品变便宜等方面影响需求。罗桑同时指出了劳动力市场可能存在的三种状况,即劳动力供给不受限制(无限供给)、劳动力供给严格受限,以及劳动力供给具有弹性。他认为卡尔多的模型只有在下述两个条件下才成立，即劳动力"无限供给"，以及生产率和就业不显著影响需求。

对于凡登的数学模型，罗桑（Rowthorn，1979）也提出了类似的批评，并批评凡登没有考虑技术进步。凡登（Verdoorn，1980）在回应罗桑批评的论文中，展示了一个容许规模经济和技术进步的更具解释力的模型，但也进行了下列反思。（1）1949年论文的主要问题是，没有充分强调生产率的产出弹性的严格不变性仅在稳态下成立。（2）在进行跨国比较时，劳动力市场的差异可能导致生产率的产出弹性不同。（3）如果有效劳动需求趋向于不变，劳动量增长率趋向于零，那么劳动生产率增长率和产出增长率只是同一变量的两种表现形式。凡登（Verdoorn，1980）总结道："由我名字来命名的这一'法则'，看起来远不像我当年引导去相信的那样具有普遍有效性。"

罗桑的质疑有可取之处，劳动力市场的不同状况会影响凡登法则的表达式和有用性。首先，当劳动力"无限供给"时，卡尔多的双方程阐释是成立的。在工业化过程中，工业会以较低的机会成本从农业等其他行业中吸收劳动力。工业生产所需的资本，往往也可以由产出增长而自我产生，因为投资会回应需求的增长。当资本和劳动力不构成明显的制约时，制约产出的主要因素将是需求。其次，当劳动力供给具有弹性时，有必要在凡登法则的表达式中考虑劳动力市场状况对生产率的影响。最后，当劳动力供给严格受限时，劳动投入的增长率为零，劳动生产率增长率等同于产出增长率，凡登法则似乎变得没有意义。克罗恩（Krohn，2019）在批判相关研究时，也由此提出对卡尔多的质疑。然而，即使产出增长不能够带来就业增长，也不意味着它不能够带来技术进步。凡登法则此时的问题，实际上在于劳动生产率增长率不再是一个能够与产出增长率相区分的技术进步衡量指标。安格里兹等（Angeriz et al.，2008，2009）在应用凡登法则时采用全要素生产率作为技术进步的指标，然而马加乔和麦康比（Magacho and McCombie，2017）指出，全要素生产率的获取依赖于按照新古典的传统方式预先设定一些关键的参数值。马克思主义经济学的全劳动生产率,则为衡量技术进步提供了另一种可能性(荣兆梓,1992;戴艳娟和泉弘志,2014;冯志轩和刘凤义,2020)。

(二)卡尔多-凡登法则是否依赖于核算恒等式?

受到凡登(Verdoorn,2002:28-36;1980)的影响,对卡尔多-凡登法则的理论探讨主要基于新古典总量生产函数。尽管关于资本加总问题的剑桥资本争论令它在理论上受到质疑,但支持者认为经验考察上的成功能够支撑总量生产函数的有效性(Sato,1974;Carter,2011)。然而,谢克(Shaikh,1974)、弗利佩和麦康比(Felipe and McCombie,2013:45-98)等的研究却表明,总量生产函数在经验检验中与现实的相符,其实源自它内含的一个国民收入核算恒等式。拉沃在1983年与麦康比的会面中提出疑问,卡尔多-凡登法则是否也面临和新古典生产函数类似的问题,他们当时的交流并没有得出结论,但后来均对此问题进行了研究(Lavoie,2018:303-330)。

参考谢克(Shaikh,1974)对时间序列数据的考察,可以将关于产出的核算恒等式转化为增长率形式。国民收入和产品账户中,增加值 X_t 的核算恒等式为:

$$X_t \equiv w_t L_t + r_t K_t \qquad (5-5)$$

其中,X_t 是以不变价格衡量的增加值(即产出),w_t 是实际工资率,L_t 是就业量,r_t 是利润率,K_t 是以不变价格衡量的资本存量。令 $\theta_t = r_t K_t / X_t$ 表示产出中的资本份额,$(1-\theta_t) = w_t L_t / X_t$ 表示劳动份额,将上式转化为增长率形式可得:

$$\dot{X}_t \equiv (1-\theta_t)\dot{w}_t + (1-\theta_t)\dot{L}_t + \theta_t \dot{r}_t + \theta_t \dot{K}_t \qquad (5-6)$$

$\dot{X}_t$、$\dot{w}_t$、$\dot{L}_t$、$\dot{r}_t$、$\dot{K}_t$ 分别表示产出增长率、实际工资增长率、就业增长率、利润率增长率和资本存量增长率。鉴于 $\hat{\lambda}_t \equiv \dot{X}_t - \dot{L}_t$,令 $\dot{\delta}_t = (1-\theta_t)\dot{w}_t + \theta_t \dot{r}_t$,将式(5-6)移项可得:

$$\hat{\lambda}_t = \frac{\dot{\delta}_t}{1 - \theta_t} + (1 - \frac{1}{1 - \theta_t})\hat{X}_t + \frac{\theta_t}{1 - \theta_t}\hat{K}_t \qquad (5-7)$$

由此便得到了一个包含产出增长率的劳动生产率增长率表达式。它是一个恒等式，不管产品市场和要素市场的竞争程度如何，不管总量生产函数是否存在，它总是成立，而且与经验数据完美拟合。

麦康比和斯普雷菲科（McCombie and Spreafico，2016）由核算恒等式推导出一个包含外生技术进步、规模报酬不变的柯布-道格拉斯生产函数，还说明了核算恒等式与总量生产函数之间的关系同样适用于其他形式的生产函数。拉沃（Lavoie，2018：303-330）也指出，柯布-道格拉斯生产函数和卡尔多的技术进步方程均能够还原成核算恒等式。为了比较卡尔多-凡登法则与核算恒等式，拉沃先写出此法则的通常形式：

$$\hat{\lambda}_t = c + b\hat{X}_t \qquad (5-8)$$

其中，c 是常数项，表示外生的生产率增长；b 是凡登系数。接着，拉沃将卡尔多-凡登法则与卡尔多技术进步方程结合起来，得到米希尔（Michl，1985）所称的"增广技术进步函数"：

$$\hat{\lambda}_t = c + b\hat{X}_t + b_k\hat{k}_t \qquad (5-9)$$

其中，人均资本 $k = K/L$，$\hat{k}_t$ 是人均资本的增长率；b_k 是人均资本增长率的系数。核算恒等式也可转化为包含人均资本增长率的形式：

$$\hat{\lambda}_t \equiv \theta_t \hat{r}_t + (1 - \theta_t)\hat{w}_t + \theta_t \hat{k}_t \qquad (5-10)$$

拉沃（Lavoie，2018：303-330）比较了这两个表达式，发现米希尔（Michl，1985）衡量的 b_k 与制造业的利润份额非常接近，因而 b_k 对应于 θ_t；利润率在考察期内没有明显的趋势，$\hat{r}_t$ 接近于零，米希尔得到的 c 也是不能显著地区别于零。拉沃进而认为，显著的凡登系数 b 让表达式（5-9）能够提供一个核算恒等式本身没有给出的信息，即产出的快速增长相关与实际工资的快速增长。

但是，拉沃（Lavoie，2018：303-330）以此来说明卡尔多-凡登法则与核算恒等式存在区别，并不能令人信服，这一结论依赖于利润率增长率 $\dot{r}_t$ 等于零。马克思主义经济学的"利润率趋向下降理论"尝试说明生产力水平提升与平均利润率的长期关系，而利润率的经验数据也会表现出长期变动，比如迪梅尼尔和列维（Duménil and Lévy，2016）测算的美国经济的利润率在 1869～2015 年呈现变动趋势（如图 5-10 所示）。当利润率增长率不为零时，产出增长率可能受到利润率增长率和实际工资增长率的共同影响。鉴于利润率与实际工资之间的联系，产出增长率与实际工资增长率可能并不存在正相关关系。

图 5-10 美国私营非住宅产业的利润率（1869～2015 年）

数据来源：Duménil 和 Lévy（2016）。

麦康比和斯普雷菲科（McCombie and Spreafico，2016）探讨了卡尔多-凡登法则与国民收入核算恒等式之间的关系。他们在分析时假设在长期中资本存量的增长率 $\dot{K}_t$ 等于产出增长率 $\dot{X}_t$，此为卡尔多典型事实之一（Kaldor，1961：177-222），但强调采用这一假设仅为了表述的便利，并没有赋予它理论意义，放松此假设不会对研究结果构成实质性影响。式（5-7）因而转变为：

$$\hat{\lambda}_t \equiv \frac{\dot{\delta}_t}{1 - \theta_t} + 0 \cdot \dot{X}_t \qquad (5-11)$$

此恒等式意味着，如果产出增长率近似等于资本存量的增长率，那么在由核算恒等式转化成的劳动生产率增长率表达式中，产出增长率的系数就近似等于零。当利用跨区域面板数据考察劳动生产率增长率与产出增长率之间的关系时，如果假设第 i 个区域在第 t 期的表达式为：

$$\dot{\lambda}_{it} = c_{it} + b\dot{X}_{it} \qquad (5-12)$$

那么，以此为基础的计量分析，捕捉到的可能只是类似于表达式（5-11）的恒等式，产出增长率的系数 b 并不会在统计上显著地不为零。与之不同，在经验考察卡尔多-凡登法则时，往往将截距项设定为表示外生技术进步的常量，因而用于计量分析的表达式为：

$$\dot{\lambda}_{it} = c + b\dot{X}_{it} \qquad (5-13)$$

关于卡尔多-凡登法则的大量经验研究表明，凡登系数（产出增长率的系数）在统计上显著地不为零。将截距项设定为常量，在一定程度上控制了核算恒等式对劳动生产率增长率变动的影响，由此得到劳动生产率增长率与产出增长率的显著关系，体现了卡尔多-凡登法则不是核算恒等式的转化形式，而是一种行为关系。

为了进一步说明核算恒等式与卡尔多-凡登法则的关系，麦康比和斯普雷菲科进行了一个模拟实验。他们构造了两组数据，均包括 15 个地区在 10 个时期内的增长率数值。第一组数据，假设单个区域的生产率增长率和产出增长率数据在不同时期变动不大，而不同区域之间的数据则存在显著的差异，一些区域的劳动生产率和产出增长持续地快于另一些区域。他们对增长率数据进行混合回归后发现了两点。（1）当使用截距项虚拟变量、允许截距项变动时，凡登系数不能显著地区别于零，截距项的变动几乎解释了劳动生产率增长率的全部变动。也就是说，如果允许截距项变动，在核算恒等式的作用之下，计量分析捕捉到的是恒等式。（2）当将截距项设定为表示外生技术进步的常量时，估计出的凡登系数则在统计上显著，数值约为 0.5。将截距项设定为常量在一定程度上控制了核算恒等式的影响，计量分析在这种情形之下得到了劳动生产率增长率与产出增长率之间的显著关系。

第二组数据用于和第一组数据进行对比说明。在这组数据里，对于任意给定的劳动生产率增长率，产出增长率被设定为随机值。用这组数据进行的计量分析，发现当使用截距项虚拟变量、允许截距项变动时，凡登系数不显著，截距项则高度显著。而将截距项设定为常量时，凡登系数在统计上依然不显著，且判定系数R^2接近于零。由此可见，只有当产出增长率数据与劳动生产率增长率数据存在关系，而且在一定程度上控制了核算恒等式带来的影响时，凡登系数才显著。

他们（McCombie and Spreafico，2016）利用类似的方法考察了英国制造业不同产业的真实数据，也得出了同样的结果。他们的研究表明，从经验考察中得到的卡尔多-凡登法则，不是国民收入核算恒等式的转化形式，而是一种行为关系。拉沃（Lavoie，2018：303-330）称赞麦康比和斯普雷菲科的模拟实验是一种非常有用的办法，因为可以知道作为估算基础的真实数据。他认为基于这种分析以及他对凡登法则和核算恒等式的比较，能够稳妥地断定卡尔多-凡登法则不是一个来自国民核算恒等式转化形式的人为构造之物。尽管拉沃关于两个表达式的比较并不成功，但是他在梳理麦康比和斯普雷菲科的研究之后做出的这一断定依然是成立的。

总量生产函数在经验考察上的成功与内含的核算恒等式有关，而卡尔多-凡登法则却不依赖于核算恒等式。这一区别表明，利用总量生产函数来构建卡尔多-凡登法则的理论基础，是有其局限性的。迪克森和瑟尔沃尔（Dixon and Thirlwall，1975）从卡尔多的技术进步方程出发，为卡尔多-凡登法则提供了一种替代性的解释，之后瑟尔沃尔（Thirlwall，2018：35-36）再次进行了陈述，并认为它意味着传统的柯布-道格拉斯生产函数不是卡尔多-凡登法则的正确的内在结构。线性形式的技术进步方程可表示为：

$$\hat{\lambda} = d + \varepsilon\hat{k} \qquad (5-14)$$

$\dot{\lambda}$ 是劳动生产率的增长率，$\dot{k}$ （$=\dot{K}-\dot{L}$）是人均资本的增长率，d 是未物化的技术进步率（即未物化于资本的劳动生产率变动率）；ε 是常数项，表示技术进步嵌入资本积累的程度。未物化的技术进步，包括自发的未物化技术进步和由产出增长引致的"干中学"。令 φ_1 表示自发的未物化技术进步率，φ_2 反映"干中学"的程度，则得到：

$$d = \varphi_1 + \varphi_2 \dot{X} \qquad (5-15)$$

人均资本的增长，包括自发的增长部分和由产出增长引致的部分。令 φ_3 表示自发的人均资本增长率，φ_4 表示产出增长引致资本积累的程度，可得到：

$$\dot{k} = \varphi_3 + \varphi_4 \dot{X} \qquad (5-16)$$

由此得到：

$$\dot{\lambda} = (\varphi_1 + \varepsilon\varphi_3) + (\varphi_2 + \varepsilon\varphi_4)\dot{X} \qquad (5-17)$$

鉴于卡尔多-凡登法则的表达式为 $\dot{\lambda}_t = c + b\dot{X}_t$，所以 $c = \varphi_1 + \varepsilon\varphi_3$，$b = \varphi_2 + \varepsilon\varphi_4$。劳动生产率的自主增长率 c，决定于自发的未物化技术进步率、自发的人均资本增长率和技术进步嵌入资本积累的程度。凡登系数 b，决定于"干中学"的程度、产出增长引致资本积累的程度和技术进步嵌入资本积累的程度。

迪克森和瑟尔沃尔给出的这种替代性解释，能够直观地展现技术进步在凡登法则中的作用。它将凡登法则的理论基础，解释为一种纳入规模报酬递增的线性技术进步方程，此解释为麦康比（McCombie，2002）和拉沃（Lavoie，2014）所认可。核算恒等式内在地要求规模报酬不变，纳入规模报酬递增的线性技术进步方程因而不再能还原为核算恒等式。

卡尔多（Kaldor，1957；1961：177-222）反对利用新古典总量生产函数来解释经济增长，尤其是质疑将经济增长分别归因于外生技术进步和要素投入增长的二分法。他尝试基于技术进步方程给出替代性的路径，但并不成功（McCombie and Spreafico，2016）。技术进步方程能够直接表明，技术进步不是外生于要素投入，而是嵌入资本积累。然而，无论是采用技术进步方程的非线性形式和线性形式（Kaldor，1957；1961：177-222），还是采用以投资表达的形式（Kaldor and Mirrlees，1962），劳动生产率在稳态下的增长率均决定于外生的技术进步，而不是投资-产出比率。这一结果与新古典增长模型是一致的，与卡尔多的初衷并不相符。而卡尔多对凡登法则的研究，则反映了他的经济增长思想转向着力于强调规模报酬递增的重要性以及增长的累积因果性质。迪克森和瑟尔沃尔的替代性解释，相当于将卡尔多关于技术进步方程的思想和关于凡登法则的思想结合了起来。

（三）供给侧-需求侧凡登法则悖论与一个拓展的模型

卡尔多理论和新增长理论均认可规模报酬递增效应的存在，但新增长理论认为生产率增长最终受制于生产要素的供给（Dutt，2006），而卡尔多理论则认为生产率增长由需求的增长所驱动（Kaldor，1966：1-40）。马加乔和麦康比（Magacho and McCombie，2017）分别从这两种理论出发构建研究路径，用以检验规模报酬递增效应和凡登法则。他们基于"增长由需求驱动"的假设，构建了劳动生产率增长的"需求侧路径"；基于"增长决定于生产要素的增长因而受供给约束"的假设，构建了劳动生产率增长的"供给侧路径"。通过检验70个国家的制造业在1963~2009年的动态面板数据，他们发现在需求侧路径之下，规模报酬递增的效应显著，而在供给侧路径之下，规模报酬递增的效应却不显著。针对同一组数据的两种研究路径，得到了相反的结论。安格里兹等（Angeriz et al.，2008，2009）以全要素生产率作为生产率指标，采用需求侧和供给侧两种路径进行考察，也得到了类似的相互矛盾的结果。由于这种"供给侧-需求侧凡登法则悖论"的存在，此系列研究继而认为，在解释生产率增长与产出增长的关系时，前提假设和研究路径的选择非常重要，不同的研究路径会得到相反的结论。

马加乔和麦康比（Magacho and McCombie，2017）首先基于柯布-道格拉斯生产函数，假设产出增长决定于资本的增长、劳动的增长和技术进步：

$$\dot{X} = \tau + \mu_1 \dot{L} + \mu_2 \dot{K} \qquad (5-18)$$

其中 τ 是技术进步率，$\dot{X}$、$\dot{L}$、$\dot{K}$ 分别是产出、劳动和资本的增长率；μ_1 和 μ_2 分别表示劳动和资本的产出弹性。接着，他们认为按照卡尔多主义关于凡登法则的主张，工业或制造业的技术进步率在一定程度上决定于产出的增长率，因此可被表示为：

$$\tau = \bar{\tau} + \pi \dot{X} \qquad (5-19)$$

$\bar{\tau}$ 是外生的技术进步率，π 是技术进步相对于产出增长的弹性，假设 $0 \leqslant \pi < 1$。将式（5-19）代入式（5-18）得到：

$$\dot{X} = \frac{1}{1-\pi}(\bar{\tau} + \mu_1 \dot{L} + \mu_2 \dot{K}) \qquad (5-20)$$

鉴于劳动生产率增长率 $\dot{\lambda} = \dot{X} - \dot{L}$，重新排列式（5-20）得到：

$$\dot{\lambda} = \frac{\bar{\tau}}{\mu_1} + \frac{\mu_1 + \pi - 1}{\mu_1}\dot{X} + \frac{\mu_2}{\mu_1}\dot{K} \qquad (5-21)$$

为了展现资本-产出比率的变动对生产率的效应，可将式（5-21）排列为：

$$\dot{\lambda} = \frac{\bar{\tau}}{\mu_1} + \frac{\mu_1 + \mu_2 + \pi - 1}{\mu_1}\dot{X} + \frac{\mu_2}{\mu_1}(\dot{K} - \dot{X}) \qquad (5-22)$$

此式即"需求侧路径"的表达式，生产率的增长归因于外生的技术进步、产出的增长和资本-产出比率的变动。假设资本和产出在长期中以相同的比率增长（卡尔多典型事实之一），则式（5-22）可转变为凡登法则的基本形式 $\dot{\lambda} = c + b\dot{X}$，凡登系数（即产出增长对生产率增长的长期效应）可表示为：

$$b = \frac{\mu_1 + \mu_2 + \pi - 1}{\mu_1} \qquad (5-23)$$

凡登系数为正值,意味着存在规模报酬递增效应。"需求侧路径"的表达式,体现了产出增长外生于劳动生产率增长,需求因素是增长过程的主动力。为了分析在生产要素约束之下的规模报酬状况,马加乔和麦康比(Magacho and McCombie,2017)重新排列式(5-20),得到"供给侧路径"的表达式:

$$\dot{\lambda} = \frac{\bar{\tau}}{1-\pi} + \frac{\mu_1 + \pi - 1}{1-\pi}\dot{L} + \frac{\mu_2}{1-\pi}\dot{K} \qquad (5-24)$$

其次,马加乔和麦康比分别利用"需求侧路径"和"供给侧路径"的表达式进行计量分析,估计出参数并根据表达式(5-23)计算得到凡登系数,同时考察凡登系数的显著性。采用需求侧路径,在四种情形(即不控制受教育年限和技术差距、只控制受教育年限、只控制技术差距以及同时控制受教育年限和技术差距)之下,制造业整体和绝大多数分部门的凡登系数均在统计上显著,制造业整体的凡登系数估计值分别为 0.527、0.571、0.548 和 0.572。而采用供给侧路径,在四种情形之下,制造业整体和绝大多数分部门的凡登系数却均不能在统计上显著地区别于零,制造业整体的凡登系数估计值甚至均为负数,分别是-0.356、-0.352、-0.326 和-0.289。

需求侧路径和供给侧路径均来自凡登法则和柯布-道格拉斯生产函数。生产函数背后的核算恒等式,没有明显地干扰需求侧路径,却影响供给侧路径。核算恒等式的增长率形式为:

$$\dot{X} \equiv (1-\theta)\dot{w} + (1-\theta)\dot{L} + \theta\dot{r} + \theta\dot{K} \qquad (5-25)$$

其中 $\dot{X}$、$\dot{w}$、$\dot{L}$、$\dot{r}$ 和 $\dot{K}$ 分别表示产出、实际工资、就业量、利润率和资本存量的增长率,代入劳动生产率增长率表达式 $\dot{\lambda} \equiv \dot{X} - \dot{L}$,可得到:

$$\dot{\lambda} \equiv [(1-\theta)\dot{w} + \theta\dot{r}] - \theta\dot{L} + \theta\dot{K} \qquad (5-26)$$

此恒等式与"供给侧路径"表达式的结构相似,故"供给侧路径"

估计出的参数可能只是此恒等式的相应参数，即：

$$\frac{\mu_1 + \pi - 1}{1 - \pi} = -\theta \qquad (5-27)$$

$$\frac{\mu_2}{1 - \pi} = \theta \qquad (5-28)$$

将计量估计的参数代入凡登系数 b 的表达式，可得到：

$$b = \frac{\mu_1 + \mu_2 + \pi - 1}{\mu_1} = \frac{1 - \pi}{\mu_1} \cdot \left(\frac{\mu_1 + \pi - 1}{1 - \pi} + \frac{\mu_2}{1 - \pi} \right) = 0 \qquad (5-29)$$

所以，"供给侧路径"的结构内在地设定了与之相对应的凡登系数等于零，利用此路径估算的凡登系数因而不会显著地区别于零，规模报酬递增的效应不会显著。"供给侧-需求侧凡登法则悖论"的成因就在于，供给侧路径得到的是不包含规模报酬递增效应的核算恒等式，而需求侧路径得到的是能够反映规模报酬递增的凡登法则，二者在结构上的不同设定，导致了相互矛盾的结果的出现。

值得注意的是，有关供给侧路径的研究虽然不成功，但它涉及一个重要问题，即当供给侧的因素对经济增长构成约束时，凡登法则是否失效？卡尔多（Kaldor，1966：10-18；1975）在阐释凡登法则时，认为需求的增长会引发投资和劳动力的供给，当资本和劳动力不构成明显的约束时，制约产出的主要因素将是需求，投资往往会回应需求的增长，但如果劳动力市场不再是"无限供给的"，制造业不再能够以低成本吸收充足的劳动力，劳动力对生产率增长构成约束，凡登法则的成立与否就成为一个需要考虑的问题。

"供给侧-需求侧凡登法则悖论"及其成因，说明了区分供给侧和需求侧路径分别考察规模报酬递增，会让只分析要素投入的供给侧路径难以体现凡登法则，仅能得到核算恒等式。此局限性表明，当供给侧的因素对增长构成约束时，关于凡登法则有效性的考察，有必要将供给侧和需求侧的因素结合起来。

意大利学者西洛斯-拉比尼（Sylos-Labini，1983）分析了影响生产率变动的四种因素：（1）斯密-凡登效应，即产出变动给生产率带来的影响，生产率的提升依赖于市场的扩大；（2）李嘉图效应，即相对劳动成本（名义工资相对于机器价格）变动的影响，资本和劳动之间的替代依赖于机器价格和名义工资；（3）实际工资效应，名义工资相对于全部价格的变动也影响生产率；（4）投资的扰动效应，投资是生产率提升的一个主要源泉。基于上述效应的生产率方程式被表述为：

$$\dot{\lambda} = \eta_1 + \eta_2 \dot{X} + \eta_3 \widehat{W/P^{\mathrm{ma}}}_{-\rho} + \eta_4 I_{-\rho} + \eta_5 I \qquad (5-30)$$

其中，$\dot{\lambda}$ 是劳动生产率增长率，$\dot{X}$ 是产出增长率，W 是名义工资，P^{ma} 是机器价格，$\widehat{W/P^{\mathrm{ma}}}_{-\rho}$ 是相对劳动成本增长率的 ρ 期滞后值，η_1、η_2、η_3、η_4、η_5 是参数；I 是当期投资，代表投资的短期效应；$I_{-\rho}$ 是投资的 ρ 期滞后值，代表投资的长期效应。投资的长期效应通常为正，而短期效应却可能为负，因为现有企业的投资可能会干扰当前生产的正常运行。实际工资效应被假设为与李嘉图效应一致，因而没有包括在方程式之中。西洛斯-拉比尼的生产率方程式是卡尔多-凡登法则的一个拓展形式，它为许多研究认可和应用（Guarini，2009；Tridico and Pariboni，2018；Carnevali et al.，2020），成为一个考察生产率变动的基准模型。

生产率变动和技术进步的影响因素涉及三个层次，即需求侧、供给侧和生产的社会关系。西洛斯-拉比尼模型关注了需求以及劳动和资本投入，但没有充分地考虑生产的社会关系。马克思主义经济学对劳动过程的分析和熊彼特对创新的分析，能够提供补充。马克思主义学者戈登（Gordon，1996）视野开阔而且富有洞察力地呈现了生产的社会关系如何影响生产率增长、宏观经济表现和社会福利水平（Storm and Naastepad，2012：109）。他与合作者韦斯科普夫（Weisskopf et al.，1983）结合马克思和熊彼特的分析以及影响生产率的技术因素，构建了一个解释生产率增长的社会模型。借鉴此模型的思想，可将西洛斯-拉比尼模型拓展为一个容纳需求侧的因素、供给侧的因素和生产的社会关系的综合模型。需求侧的影响，主要体现为产出的增长率。供给侧的影响因素，包括资本密度（度量指标可为每单位生产性劳动所使用的非过时的资本投入）、劳动成本、外部投入品价格等。生产的社会关系，包括劳动力市场协调程度、雇主对雇员的有效控制程度、雇员工作动力指数、企业创新压力等。三个层次有重合之处，比如产能利用率既涉及需求侧，又涉及供给侧。在此模型中，生产率的变动可表示为需求侧的因素、供给侧的因素和生产的社会关系的方程式。有必要根据研究对象的实际状况，选取着力的变量，并确定该拓展模型的具体形式。

一个值得注意的方面，是相对劳动成本变动对技术进步的引致作用。它既涉及供给侧的劳动要素投入，又涉及生产的社会关系。相对劳动成本变动影响生产率和技术进步的原因，包括雇员积极性、预期失业成本、韦伯效应（Webb，1912；Lavoie，2014：306）等，其中"马克思-有偏技术进步"（Marx-biased technical change）构成了一种长期的趋势性因素。弗里和米希尔（Foley and Michl，1999：117-135）将"马克思-有偏技术进步"界定为劳动节约型和资本使用型技术变革的混合，认为它会提升劳动生产率，降低资本生产率，如果工资份额保持不变，实际工资将与劳动生产率同比例增长；在"马克思-有偏技术进步"的作用之下，经济永远不会到达稳态，因为利润率会随时间而变化，进而造成资本积累率和经济增长率变动。基于"马克思-有偏技术进步"的引致技术变革理论，已为多个研究（Naastepad，2006；Taylor et al.，2019；Davanzati and Giangrande，2019；Fazzari et al.，2020）以不同的形式涉及和验证，能够成为拓展的西洛斯-拉比尼模型的一个着力点。

"供给侧-需求侧凡登法则悖论"，起因于需求侧路径能够得到蕴含规模报酬递增的凡登法则，而供给侧路径只能得到内在地设定为规模报酬不变的核算恒等式。供给侧和需求侧均对产出构成影响，二者的相互作用让生产率和需求之间有着互为因果的关系。卡尔多（Kaldor，1970，1972）融合斯密-杨格规模报酬递增学说与凯恩斯主义有效需求学说,发展出一种累积因果增长理论,并得到许多研究的认可和应用。卡尔多累积因果增长过程可被描述为(Razmi,2013),需求的外生增长(比如出口增长)带来更高的产出水平,进而导致生产率加速增长;更高的生产率转而形成劳动成本的降低和竞争力的提升,引发一个致使更高产出增长的良性累积过程;相反,一个负向的总需求冲击引发需求、产出和生产率下降的恶性循环。"供给侧–需求侧凡登法则悖论"涉及在供给侧的因素能够对增长构成约束时凡登法则的有效性问题,鉴于凡登法则是卡尔多主义累积因果增长机制的核心环节,此问题就显得尤为重要。这一悖论的出现及成因表明,不能通过区分供给侧和需求侧的方式分别检验凡登法则。一个拓展的西洛斯–拉比尼模型,为供给侧和需求侧的结合式考察提供了一种可能性。

三 小结

通过衡量实体经济部门的多种利润率指标,发现税后固定资产加存货利润率、税后利润率、税后总资产利润率和拓展利润率四种利润率指标表现出相当一致的动态,均在 2009～2018 年呈现明显的下降趋势。不同的利润率指标关注的面向不尽相同,但它们共同的趋势无疑反映了利润率的下降状况。

对于分析利润率下降的原因,有两个分析框架可资参考。一个是美国马克思主义学者韦斯科普夫的分析框架,这一框架将马克思主义分析利润率下降的三个流派即"资本有机构成提高论""实现失败论"和"利润挤压论",整合在一个架构内。此分析框架有其局限性,但体现了马克思主义者在阐释利润率下降成因时关注的三个方面,即资本有机构成、产能利用率和利润份额。另一个分析框架是以美国马克思主义学者哈维为代表的利润率修复理论,包括哈维着力阐述的"空间修复"以及后续发展出的"技术修复""产品修复"和"金融修复"等面向。这两个架构有共通之处。对于利润挤压,有助于降低成本的"空间修复"和"技术修复"往往能够起到缓解的作用；对于剩余价值实现困难，可依靠开拓新生产领域、新产品类型的"空间修复"和"产品修复"；对于资本有机构成上升，生产过程优化重组与前沿科学技术（"技术修复"）带来的劳动生产率增长能够与之在一定程度上相互对冲。

然而，"金融修复"会造成虚拟经济脱离于实体经济，是不可持续的方式。"空间修复"是可行的方式，但有可能面临资源、环境、人口和基础设施等的限制。"技术修复"和"产品修复"分别依赖于工艺创新和产品创新，可以统称为由技术进步带来的"技术修复"。这种由技术进步带来的"技术修复"，才是修复实体经济乃至整体经济利润率的可持续的有效方式。

由凡登提出并经卡尔多阐释之后，卡尔多-凡登法则受到广泛的关注，也引发了许多争议。凡登和卡尔多均从经验考察中得到劳动生产率增长与产出增长的长期关系，但凡登尝试利用总量生产函数构建此关系的理论基础，而卡尔多却认为总量生产函数并不存在，他利用规模报酬递增理论对此进行解释，尤其强调"干中学"和引致技术进步等动态规模报酬递增的重要作用。罗桑与卡尔多及凡登的争论，则探讨了劳动力市场状况对凡登法则表达式及其有效性的影响。

在凡登的影响之下，关于卡尔多-凡登法则的理论探讨主要基于总量生产函数。总量生产函数在经验考察上的成功，被认为归因于它内含的一个国民收入核算恒等式。但通过模拟实验可以发现，从经验考察中得到的卡尔多-凡登法则，并不是核算恒等式的转化形式，而是一个行为关系。由此说明，总量生产函数并不是卡尔多-凡登法则的正确的内在结构。从卡尔多的思想出发，可将卡尔多-凡登法则解释为一个容许规模报酬递增的线性技术进步方程，这种解释结合了卡尔多关于凡登法则的思想和关于技术进步方程的理论。

"供给侧-需求侧凡登法则悖论"出现的原因在于，"需求侧路径"能够体现蕴含规模报酬递增效应的凡登法则，而"供给侧路径"仅能得到意味着规模报酬不变的核算恒等式。关于供给侧路径的研究虽然不成功，但涉及一个重要问题，即当供给侧的因素能够对增长构成约束时，凡登法则是否失效。"供给侧-需求侧凡登法则悖论"表明，单纯通过分析供给侧的要素投入来探讨是否存在规模报酬递增效应，容易陷入核算恒等式的干扰，有必要结合供给侧和需求侧的因素来考察凡登法则。一个纳入"生产的社会关系"的西洛斯-拉比尼模型，是这种结合式考察的可能路径之一。此模型也体现了，马克思劳动过程理论和熊彼特创新理论能够为后凯恩斯主义需求侧分析提供补充。

卡尔多-凡登法则也许是后凯恩斯主义经济学研究最多的经验问题（Lavoie，2014：428）。已有的一些研究（夏明，2007；Guo et al.，2012；McCombie et al.，2018；卢获和黎贵才，2019），发现它对中国经济也具有解释力。这一法则的成立不依赖于核算恒等式，结合供给侧和需求侧的因素考察其有效性，并用以分析经济高速增长与增速放缓的原因，是进一步研究的可能方向。

第六章 一个古典-马克思-卡尔多主义技术进步模型及中国经验

如何在宏观经济体系里将技术进步内生化，是一个持续引发关注而且富有争议的问题。后凯恩斯主义经济学的"卡尔多-凡登法则"，提供了一种内生化方式，并为许多研究认可和应用。此法则刻画了生产率增长和需求变动之间的长期正向关系，揭示出工业的规模报酬递增效应对整体经济的生产效率的促进作用，为技术进步提供了一种宏观层面的内在解释。然而，这一法则自提出以来历经多次争论，没有着重考虑供给侧要素带来的约束，是它被批评的重要方面。已有研究尝试从多个角度做出改进式探索，至少可梳理为以下五种类型。

第一，利用卡尔多技术进步方程拓展卡尔多-凡登法则。米希尔（Michl, 1985）认为卡尔多技术进步方程实质上捕捉到嵌入资本的技术进步的重要性，卡尔多-凡登法则则捕捉到动态和静态规模经济的重要性。他将二者相结合，令劳动生产率增长率为产出增长率和资本-劳动比率增长率的线性函数，称为"拓展的技术进步方程"，并考察了OECD国家制造业部门在1955~1980年的劳动生产率变动。米希尔的拓展形式为后来学者所沿用，近年来安特努奇等（Antenucci et al., 2020）利用G7国家整体经济和制造业部门在1970~2017年的数据进行了经验检验，结果支持"拓展的技术进步方程"的有效性，产出增长率和人均资本积累过程均对劳动生产率增速施加了正向的影响。然而，根据迪克森和瑟尔沃尔（Dixon and Thirlwall，1975）对卡尔多-凡登法则内在结构的分析，资本-劳动比率的增长率也是产出增长率的函数，因此"拓展的技术进步方程"实际上可转变为卡尔多-凡登法则的形式。

第二，分别基于需求侧路径和供给侧路径进行考察。英国学者麦康比及其合作者的系列研究（Angeriz et al.，2008；Magacho and McCombie，2017，2018），采用区分需求侧路径和供给侧路径的方法来考察卡尔多-凡登法则，将"经济增长由需求驱动"假设之下的生产率表达式称为"需求侧路径"，将"经济增长决定于生产要素的增长"假设之下的生产率表达式称为"供给侧路径"。他们发现，规模报酬递增效应在需求侧路径下显著，而在供给侧路径下则并不显著。

通过比较可以发现，"需求侧路径"和"供给侧路径"均转化自卡尔多-凡登法则和柯布-道格拉斯生产函数。总量生产函数背后的核算恒等式，没有明显地干扰到需求侧路径，却影响着供给侧路径。供给侧路径得到的是不包含规模报酬递增效应的核算恒等式，它实际上内在地将与之相对应的凡登系数设定为等于零。而需求侧路径得到的，则是能够反映规模报酬递增的卡尔多-凡登法则。二者在结构上的不同设定，导致了相互矛盾的结果的出现。区分供给侧和需求侧路径分别考察规模报酬递增，会让只分析要素投入的供给侧路径陷入困境。此局限性表明，当供给侧的因素对增长构成约束时，对规模报酬递增效应和卡尔多-凡登法则有效性的考察，有必要将供给侧和需求侧的因素结合起来。

第三，结合技术创新拓展卡尔多-凡登法则。多项研究（León-Ledesma，2002；Romero and Britto，2017；Romero，2019）把研究强度和技术转移视作在熊彼特主义视角下决定劳动生产率的两个重要因素，并将之与卡尔多-凡登法则相结合，在经验研究中也得到了显著的结果。其中，罗梅罗和布里托（Romero and Britto，2017）以及罗梅罗（Romero，2019）采用"专利数与生产工人工作的百万小时数之比"作为衡量研究强度的指标，分析了产出增长和研究强度对劳动生产率的重要性，发现需求和产出的增长对生产率的增长至关重要，而且将研究强度与产出增长联系在一起时，更大的研究强度会产生更高的生产率增长。

后发国家能够通过技术吸收来提高生产率增速，国家之间的生产率差异为从先进国家到后发国家的技术转移创造了可能性。在卡尔多主义文献里，采用技术差距（比如先进国家与本国的劳动生产率之比）作为技术转移的指标，并以之作为讨论生产率增长的控制变量，已是较为常见的做法（Angeriz et al., 2008, 2009; Magacho and McCombie, 2017）。技术创新是生产率提升的重要来源，在分析生产率变动时，有必要考虑研究强度和技术转移。

第四，围绕西洛斯-拉比尼的生产率方程展开研究。意大利学者西洛斯-拉比尼（Sylos-Labini, 1983）分析了影响生产率变动的四种因素：（1）斯密-凡登效应，即产出变动给生产率带来的影响，认为生产率的提升依赖于市场的扩大；（2）李嘉图效应，即相对劳动成本（名义工资相对于机器价格）变动的影响，认为资本和劳动之间的替代依赖于机器价格和名义工资；（3）实际工资效应，认为名义工资相对于全部价格的变动也影响生产率；（4）投资的扰动效应，认为投资是生产率提升的一个主要源泉。他在表述生产率方程式时，还假设实际工资效应与李嘉图效应一致，因而略去了实际工资效应。

西洛斯-拉比尼的生产率方程是卡尔多-凡登法则的一个拓展形式，它为许多研究认可和应用（Guarini, 2009; Corsi and D'Ippoliti, 2013; Tridico and Pariboni, 2018）。不过，在方程式中列入李嘉图效应、略去实际工资效应的做法，并不为学者们普遍接受。比如，卡尔内瓦利等（Carnevali et al., 2020）在应用此模型考察欧元区的制造业时，让生产率方程式同时包含李嘉图效应和实际工资效应。另外，李嘉图效应本身也富有争议，奥地利学者格尔克（Gehrke, 2003）系统地分析了李嘉图效应，发现它针对生产者能够选择的生产方法集设定了一些非常特殊的假设，因而并不具有普遍的有效性。鉴于投资与需求相互联系，西洛斯-拉比尼的生产率方程实际上主要刻画了需求变动和实际工资（或相对劳动成本）变动对生产率的影响。

第五，将"劳动成本变动引致技术变革"的思想与卡尔多-凡登法则相结合。李嘉图（1962）和马克思（在《资本论》第一卷中）均探讨过劳动成本变动对技术进步的引致作用，希克斯（Hicks，1932）进行了重新论述。基于他们的思想，纳斯蒂湃特（Naastepad，2006）、斯德姆和纳斯蒂湃特（Storm and Naastepad，2012）假设劳动生产率增速是产出增速和实际工资增速的正函数，并以之作为生产率体制的内容。卡塞蒂（Cassetti，2003）则将劳动生产率增速设定为经济增长率和实际利润份额的函数，认为实际工资上升导致劳动生产率上升，而实际工资上升与实际利润份额下降相对应。海因和塔拉索（Hein and Tarassow，2010）追随卡塞蒂，假设生产率增速受到产能利用率或者资本存量增长率的正向影响，受到利润份额的负向影响，并认为如果实际工资增速超过了生产率增速，利润份额或者单位利润就会面临下行压力，从而为资本家实施技术进步的努力提供一个额外的推动。泰勒等（Taylor et al.，2019）则假设生产率增速与人均资本增长率正相关，与利润率负相关，他们一方面遵循卡尔多的解释，认为生产率增长率由人均资本增长率所驱动，投资是更高效技术的载体；另一方面基于马克思的思想，假设劳动力市场的更加紧张将压低利润率，进而引致创新，加快生产率增长。

此类研究均尝试纳入劳动成本变动对技术进步的引致作用，尽管给出了不同的劳动生产率方程式，分别采用实际工资变动率、利润份额和利润率等指标来表示"引致技术进步"。然而，他们将引致技术进步与卡尔多-凡登法则的结合，多是直接的结合，没有系统地阐释二者的结合机理。此局限性的存在，让这类研究的劳动生产率方程设定，显得有些随意。

除了上述五类研究以外，也有研究（Pereira et al.，2021）将制度、人力资本和物质资本作为供给侧要素与卡尔多-凡登法则相结合。然而，已有研究并没有结束围绕卡尔多-凡登法则的争论，此法则近来又受到质疑。美国学者克罗恩（Krohn，2019）在探讨劳动生产率变动时发现，更高的产出增长并没有带来更快的就业增长，他由此认为卡尔多-凡登法则与经验事实不相符合，规模报酬递增规律不能够解释最近几十年内劳动生产率与产出之间的关系。

本章尝试在分析新近质疑的基础上，探讨卡尔多-凡登法则的内在机理并进行拓展，寻求一种容纳需求侧因素、供给侧要素以及生产的社会关系的技术进步内生化路径。首先，探讨卡尔多-凡登法则面临的新近争议；其次，基于古典-马克思主义的技术进步演进思想，解构和拓展卡尔多-凡登法则，构建一个技术进步的古典-马克思-卡尔多主义模型；最后，结合中国经济进行经验考察。

一 对新近质疑的批判性考察

卡尔多-凡登法则最初由荷兰学者凡登提出，英国学者卡尔多的阐释令它广受关注。凡登（Verdoorn，1949）基于多个国家的工业部门在1870~1914年和1915~1930年的统计数据，发现劳动生产率增长率和产出增长率之间存在相当固定的长期关系。

卡尔多（Kaldor，1966）在就职剑桥大学讲座教授的著名演讲中，利用凡登法则等增长规律分析了英国经济增长缓慢的原因。[①] 他将凡登法则表述为两个关系式：

$$p = \alpha_1 + \gamma_1 q \qquad\qquad (6-1)$$

$$l = \alpha_2 + \gamma_2 q \qquad\qquad (6-2)$$

其中，p 是劳动生产率增长率，q 是产出增长率，l 是就业增长率，α_1、α_2 是常数项，γ_1、γ_2 分别是劳动生产率增长率和就业增长率对产出增长率的回归系数，γ_1 通常被称为凡登系数。

在卡尔多引述和阐释之后，凡登法则开始广为人知，成为后凯恩斯

---

① 卡尔多在康奈尔大学的讲座（Kaldor，1967）也展现了相关的思想。

主义经济学中研究最多的经验问题（Lavoie，2014），也引发多次争论。没有着重考虑供给侧要素尤其是劳动力供给状况带来的约束，是此法则被批评的一个重要面向。罗桑（Rowthorn，1975a，1975b）与卡尔多的争论，颇具代表性。[①]

美国学者克罗恩新近对卡尔多-凡登法则的质疑，在一定程度上可以看作罗桑的质疑的延续。克罗恩（Krohn，2019）沿用全和维南戈（Jeon and Vernengo，2008）的分析框架，结合卡尔多-凡登法则与奥肯定律，考察产出增长与生产率变动的关系，并着力于分析产出增长对生产率变动的结构性影响以及卡尔多-凡登法则的有效性。在他们的分析框架里，奥肯定律被表述为：

$$g - g_p = - \mu_1 \Delta u \qquad (6-3)$$

其中，g 是实际国内生产总值（GDP）的增长率，g_p 是潜在 GDP 的增长率，Δu 是失业率的变动，μ_1 是奥肯系数。同时，卡尔多-凡登法则被界定为劳动生产率与潜在 GDP 增长率之间的关系：

$$p = \mu_2 + \mu_3 g_p \qquad (6-4)$$

p 是劳动生产率增长率，μ_2 是生产率的自主增长部分，μ_3 是凡登系数。将式（6-3）代入式（6-4）得到：

$$p = \mu_2 + \mu_3 g + \mu_3 \mu_1 \Delta u \qquad (6-5)$$

克罗恩（Krohn，2019）通过两个分块回归来估计参数。首先，将 p 对 g 进行回归得到残差，将 Δu 对 g 回归得到残差，然后把前一个残差对后一个残差进行回归。其次，将 p 对 Δu 回归得到残差，将 g 对 Δu 回归得到残差，然后令前一个残差对后一个残差回归。这种估计方法除去了 Δu 与 g 之间的相互影响。由基于劳动生产率定义的恒等式 $p \equiv g - l$，可得到就业（劳动投入）增长率 l 与实际 GDP 增长率 g 之间的关系式：

---

① 关于卡尔多-凡登法则及相关争议的详细内容参见上章第二节。

$$l = -\mu_2 + (1 - \mu_3)g - \mu_3\mu_1\Delta u \qquad (6-6)$$

鉴于 1974 年标志着一个生产率低速增长时期的开始，为了检验系数的稳定性，克罗恩在方程式（6-5）和方程式（6-6）的右边各项中引入虚拟变量 D，令它在 1974 年之前等于 0，在 1974 年及之后等于 1。估计结果显示，在 1951～1973 年凡登系数 μ_3 为 0.69，而在 1974～2005 年凡登系数 μ_3 为 1.00。将数据范围延伸到 2015 年，结果也非常相似。克罗恩（Krohn，2019）认为，生产率增长率对产出增长率的回归系数近似等于 1，就业增长率对产出增长率的回归系数接近等于 0，意味着产出增长在长期中并不能驱动就业增长，卡尔多阐释的凡登法则与现实不符，由专业化和劳动分工带来的规模经济，不能够解释生产率增长与产出增长之间在近几十年内的关系。

对于卡尔多阐释凡登法则的两个方程即式（6-1）和式（6-2）而言，如果凡登系数 γ_1 近似等于 1，γ_2 近似等于 0，那么式（6-2）变成 $l = \alpha_2$，说明产出的增长并不能带来就业的变动；式（6-1）则变成 $p = \alpha_1 + q$，而由生产率的定义式可知 $p \equiv q - l = q - \alpha_2$，所以式（6-1）的等号左边为 $q - \alpha_2$，右边为 $\alpha_1 + q$，左右两边同时消掉产出增长率 q，就仅能得到 $-\alpha_2 = \alpha_1$。也就是说，在此情形之下，产出增长也不能够带来生产率变动。因此，如果凡登系数 γ_1 近似等于 1，γ_2 近似等于 0，那么就业方程即式（6-1）和生产率方程即式（6-2）就似乎不能够形成有效的解释，卡尔多-凡登法则和规模报酬递增理论也就不能够有效地解释生产率变动及其与产出增长之间的关系，克罗恩（Krohn，2019）的质疑似乎是成立的。然而，比较卡尔多的论述和克罗恩的考察，会发现克罗恩的质疑有着三个方面的问题。

第一，克罗恩利用国内生产总值的增长来解释整体的劳动生产率增长，而卡尔多则致力于用制造业（工业或第二产业）产出的增长来解释整体的劳动生产率增长，进而解释国内生产总值的增长。解释国内生产总值的变动是卡尔多的目标，而克罗恩却将国内生产总值的变动作为起点。通过比较 12 个发达工业化国家，卡尔多（Kaldor，1966）发现国内生产总值增长率与制造业产出增长率高度相关，而且制造业产出增长率超过整体经济增长率的幅度越大，整体经济增长率越高。鉴于整体经济增长率的差异主要取决于劳动生产率增速的差异，而不是劳动人口的变动，卡尔多着力于探讨是否存在一些共性原因使整体的劳动生产率增长率依赖于制造业产出的增长率。

卡尔多首先反思了两种常见的解释。一种解释是，鉴于制造业生产率高于其他产业，制造业的快速扩张将推高整体的生产率。然而，卡尔多结合相关研究指出，不同部门在生产率水平上的差异和在整体经济中所占的比重，对生产率增速差异的解释力非常有限。另一种解释是制造业的技术进步率（以生产率增速来衡量）高于其他领域，制造业所占比重的提高，将提升整体的进步率。卡尔多指出，如果此解释正确的话，那么经济增长率与制造业部门的规模（而不是其增长率）之间存在联系，工业部门比重（由总劳动力参与其中的份额来衡量）越大的国家，经济增长率将越高，然而英国的情形却恰恰相反。而且，技术进步和生产率增长绝不局限于制造业，在考察的许多国家中，农业和采掘业的生产率增速甚至高于制造业或工业部门整体的生产率增速。其次，在反思的基础上，卡尔多给出了替代性的解释，即规模经济或规模报酬递增的存在，导致工业部门乃至整体经济的生产率随着工业产出的增长而增长。

卡尔多指出，规模经济对生产率增长的效应，不仅对于制造业而言是显著的，对于整个工业也是显著的，但在工业领域之外的适用性有限。工业产出的增长很可能对总体劳动生产率的增长发挥主导作用，原因既在于它影响工业部门自身的生产率增速，也在于它将间接地提升其他部门的生产率增速。比如，工业产出增长将引致对剩余劳动力的快速吸收，而且确保消费品生产量的快速增长，由此能够促进农业和经销行业的生产率提升。在卡尔多用于展现凡登法则的两个方程里，式（6-1）的解释变量应是工业（制造业或第二产业）产出增长率，被解释变量应是工业（制造业或第二产业）劳动生产率增长率或者整体劳动生产率增长率。

第二，克罗恩讨论的是整体就业增长率，而卡尔多则关注制造业（工业或第二产业）从农业等产业中吸收劳动力。卡尔多（Kaldor，1966）认为，制造业的快速增长总是与其就业的快速增长相关；但是制造业劳动力的主要来源不是整体就业人员的增长，也不是移民，而是剩余劳动力的蓄积，或者说土地上的"隐性失业"；在工业化过程中，劳动力不断地从农村转移到城市，农业劳动力占比急剧下降，而工业则得到了劳动力补充。

随着产出的增长，整体就业增长缓慢并不意味着工业就业增速缓慢；反之，整体就业增长较快，也不意味着工业就业增速较快。在卡尔多的考察时期内，虽然英国的总劳动力增长率高于其他 11 个国家中的 5 个，但英国有着最低的工业和服务业就业增长率。在卡尔多的双方程阐释里，式（6-2）的解释变量应是工业（制造业或第二产业）产出增长率，被解释变量应是工业（制造业或第二产业）就业增长率。规模报酬递增理论与工业的就业增长相关，而整体就业是否增长以及增长幅度则并不直接影响此理论的有效性。

第三，即使制造业的就业增长缓慢，制造业劳动生产率增速对制造业产出增速的回归系数接近于 1，也不意味着没有规模报酬递增效应，问题在于劳动生产率不再是一个能与产出增长率相区分的技术进步衡量指标。卡尔多（Kaldor，1966）在亚当·斯密和阿林·杨格的基础上，强调静态因素（规模经济）和动态因素（技术变革）在促使报酬递增方面的相互作用；劳动更大的分工，能够催生更多的技能和专有技术，进而产生更多的创新和设计改进；难以区分归因于各种不可分割的、可逆的规模经济效应，和与产出扩张过程相关联的、不可逆的技术变革。卡尔多认为，凡登法则是一个动态关系而不是一个静态关系，是生产率变动率与产出变动率之间的关系，而不是生产率水平和产出规模之间的关系，技术进步嵌入其中，让它不只是静态规模经济的反映。

技术进步有可能让产出（需求）增长在不依赖于就业增长的情况

下推动生产率提升，此时凡登法则和规模报酬递增理论的有效性，就不再依赖于就业增长率方程式。在卡尔多的考察期（1953/1954～1963/1964年）内，制造业产出和生产率的增长不足以排除对就业快速增长的需求，在技术最先进的国家比如美国，制造业产出的快速增长依然与就业数量的大幅增加相关。卡尔多因而强调产出增长带来生产率和就业的同时增长，但他也已经意识到，新的技术革命也许会极大地降低工业对劳动力的需求，从而使生产效率的提高有可能并不依赖于就业的增加。在就业增长缓慢的情况下，产出增长率和劳动生产率增长率趋于一致，此时使用劳动生产率作为生产效率的衡量指标，就难以与产出增长率相区分。全要素生产率和全劳动生产率，是在就业增长率接近于零时依然能够与产出增长率相区分的两个生产效率衡量指标。然而，全要素生产率依赖于颇受争议的总量生产函数以及特殊的参数设定（Magacho and McCombie，2017），全劳动生产率的常用测算方法也存在不同部门的测算值不能直接加总等问题（冯志轩和刘凤义，2020）。事实上，如果考察工业（第二产业或制造业）产出增长率对整体劳动生产率的影响，则在一定程度上回避了产出指标与生产效率衡量指标难以区分的问题。

　　克罗恩（Krohn，2019）对卡尔多-凡登法则的质疑虽不能成立，但涉及此法则的一个局限性。凡登（Verdoorn，1949）和卡尔多（Kaldor，1966）及许多学者测算的凡登系数均为 0.5 左右，似乎这是一个稳定的量值。克罗恩通过引入虚拟变量的方法，表明了凡登系数并不是固定不变的，而是在不同时期里可能会有所变化。这一现象在巴苏和弗里（Basu and Foley，2013）的研究中得到专门的考察。他们估算了美国经济在 1948～2010 年各个经济周期中就业增长率对产出增长率的回归系数，发现对于整体经济和私营产品生产部门（包括制造业、采掘业和建筑业）而言，此系数均不是稳定不变的，而是呈现长期的下降趋势。

　　就业增长率对产出增长率的回归系数明显下降，意味着产出增长带来的就业增长相对减少。原因可能在于：一方面，技术进步让产出增长需要的就业增长量减少；另一方面，劳动力不再是无限供给的，劳动成本的变动将对经济增长构成约束。如果是技术进步导致的，那么规模报酬递增规律依然成立，尤其是动态规模报酬递增；如果是劳动力供给构成约束，那么卡尔多-凡登法则的有效性就受到挑战，因为它成立的前提是"当供给侧的因素不构成明显约束时，影响增长的因素主要是需求"（Kaldor，1975）。

卡尔多假设需求是外生变量，原因在于制造业需要的劳动力能够从农业和服务业等行业吸收，需要的资本能够在制造业发展过程中自行提供，因此劳动、资本等供给侧要素不构成对经济增长的限制。然而，他也意识到当供给侧要素能够带来显著影响时，就有必要分析需求和产出的变动过程。卡尔多（Kaldor，1970，1972，1985）在解释经济增长和地区之间增长差异时，阐述了规模报酬递增的决定性作用，而且基于凯恩斯主义分析了需求的变动，发展出一种累积因果增长的理论。卡尔多（Kaldor，1970）认为缪尔达尔（Myrdal，1957）所称的"循环和累积因果"原则，指的无外乎是（广义）规模报酬递增的存在。拉兹米（Razmi，2013）将累积因果增长的过程描述为，需求的外生增长（比如出口增长）带来更高的产出水平，进而导致生产率加速增长；更高的生产率则使劳动成本降低和竞争力提升，促进需求进一步增长，从而形成一个良性的累积增长过程；相反，一个负向的总需求冲击引发需求、产出和生产率下降的恶性循环。卡尔多的累积因果增长理论，是斯密-杨格规模报酬递增学说与凯恩斯主义有效需求学说的结合。不过，卡尔多-凡登法则是其核心关系式，这一理论的成立有赖于卡尔多-凡登法则本身的成立。

二 技术进步的一个古典-马克思-卡尔多主义演化模型

古典-马克思主义也探讨技术进步的内在形成过程，尤其注重劳动力供给状况和"资本-劳动"关系对技术变革的影响。劳动成本变动引

致技术进步的思想①，常被归功于希克斯（Hicks，1932：124），但实际
上这一思想可追溯到李嘉图和马克思（Kurz，2010）。李嘉图将机器的
应用与工资水平相联系，他论述道：（1962：338）"工资每有提高会使
被积蓄起来的资本比以前更多地用于机器方面。机器和劳动不断在竞争
中，劳动价格未上涨前，机器往往是不能被采用的"。

马克思在李嘉图的基础上进一步讨论了使用机器的条件，以及劳动
成本提高对使用机器的影响。马克思写道："对资本说来，只有在机器
的价值和它所代替的劳动力的价值之间存在差额的情况下，机器才会被
使用。"② 他还指出："一种新的生产方式，不管它的生产效率有多高，
或者它使剩余价值率提高多少，只要它会降低利润率，就没有一个资本
家愿意采用。"③

李嘉图和马克思将技术选择阐释为一个内生过程，资本选择技术的
方式是比较不同技术的盈利能力，劳动成本在其中发挥着重要作用。迪
梅尼尔和列维（Duménil and Lévy，1994，1996，2010）将这种技术选
择方式嵌入一个不使用新古典生产函数的分析框架，形成一个"技术进
步的古典-马克思主义演化模型"，并用以刻画美国经济的利润率、资
本生产率和劳动生产率等变量在1869~1920年、1920~1960年与1960~
1992年的历史趋势。

本部分尝试将卡尔多-凡登法则的内在结构，与迪梅尼尔和列维的
"技术进步的古典-马克思主义演化模型"相结合，构筑一个容纳规模
报酬递增效应和引致技术变革效应的技术进步演化模型。在此模型内，
迪梅尼尔和列维的模型和卡尔多-凡登法则作为技术进步的两种内生化
路径，相互补充。

---

① 这一思想为许多学者所认可和应用。比如，卡塞蒂（Cassetti，2003）认为劳动成本
变动对创新速率具有直接效应；当企业面临劳动成本上升时，它们可能不仅会提高价
格，而且会加快劳动节约型机器的引入；越难以将货币工资的增加转嫁到价格之上，
通过引入创新和改进而提高生产率的动机越强；通过减少生产给定产出所需的劳动力
数量，企业尝试抵消实际工资的上升。
② 马克思：《资本论》（第1卷），人民出版社，2004，第451页。
③ 马克思：《资本论》（第2卷），人民出版社，2004，第294页。

首先，采用迪梅尼尔和列维的分析框架，将技术变革刻画为一个基于已有技术发展出当期技术的随机动态过程。假设经济体中仅有一种商品和一个代表性企业，在某个时期里，生产 1 个单位商品需要一定数量的资本（该商品自身）A，和一定数量的（被假设为同质的）劳动 L，此时的生产技术记作（A，L）。资本生产率可表示为 $P_K = 1/A$，劳动生产率为 $P_L = 1/L$。一种新技术（A_+，L_+）在已有技术的基础上发展出来，新技术对资本和劳动的节约率分别为 a 和 l：

$$A_+ = A/(1 + a) \qquad\qquad (6 - 7)$$

$$L_+ = L/(1 + l) \qquad\qquad (6 - 8)$$

如果这个新技术被采用，那么 a 和 l 同时也是资本生产率和劳动生产率的增长率：

$$\rho(P_K) = a \qquad\qquad (6 - 9)$$

$$\rho(P_L) = l \qquad\qquad (6 - 10)$$

迪梅尼尔和列维将技术变革分解为两个步骤：先是创新，而后是技术选择。他们假设创新来自研发活动，而研发活动的产出在很大程度上是不可预测的；同时，假设创新是在已有技术的基础上发展出来的，仅是逐渐的改进。在这两个假设之下，创新被模型化为一个随机过程，服从一个概率分布 π（a, l），其支撑集是有界的，记作"创新集"。

图 6-1 描绘了创新集，横轴和纵轴分别表示资本生产率和劳动生产率的增长率。在不同的经济环境之下，创新集有不同的形状，但均包含坐标原点，因为保持原有技术总是一种可能性；也均涉足四个象限，因为下述四种类型的创新均有可能出现。第一种是既节约劳动也节约资本的创新（劳动节约-资本节约型创新），劳动生产率和资本生产率的增长率均为正值，这种创新会降低成本、提高利润率，企业显然愿意采用。第二种是节约劳动但耗费资本的创新（劳动节约-资本使用型创新），劳动生产率的增长率为正值，但资本生产率的增长率为负值。第

三种是既耗费劳动也耗费资本的创新（劳动使用-资本使用型创新），劳动生产率和资本生产率的增长率均为负值，这种创新会提高成本、降低利润率，企业显然不愿意采用。第四种是耗费劳动但节约资本的创新（劳动使用-资本节约型创新），劳动生产率的增长率为负值，资本生产率的增长率为正值。四种创新对应分布于图形中的四个象限，企业主要考虑对第二种创新和第四种创新的选择。

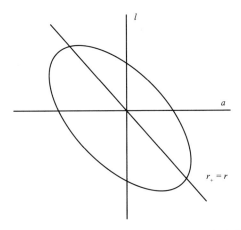

图 6-1　创新集、技术选择边界和可盈利创新集

资料来源：Duménil 和 Lévy（2010）中的第 246 页。

参照李嘉图和马克思等对技术变革的分析，迪梅尼尔和列维将新技术的选择标准设定为"在现行价格和工资之下能否产生更大的利润率"。如果新技术的利润率大于原有技术的利润率（$r_+ > r$），则新技术被采用；如果新技术的利润率小于原有技术的利润率（$r_+ < r$），则新技术被排斥；分界线是新技术的利润率等于原有技术的利润率 $r_+ = r$，此分界线被称作"技术选择边界"。技术选择边界是一个向右下方倾斜并通过原点的直线。技术选择边界右上方的创新集，称作"可盈利创新集"，只有可盈利创新集中的创新才会被选择。

其次，基于古典-马克思主义的技术选择方式，刻画生产率变动与技术选择之间的关系。令 W 表示每单位劳动的被商品价格平减之后的

实际工资，即商品价格为 1 时每单位劳动的实际工资。利润率可表示

为：$r = \dfrac{1-LW}{A}$，$r_+ = \dfrac{1-L_+W}{A_+}$。

技术选择边界的表达式为[①]：

$$r_+ = \frac{1-L_+W}{A_+} = \frac{1-[L/(1+l)]W}{A/(1+a)} = r = \frac{1-LW}{A} \qquad (6-11)$$

$$\mu a + l\frac{1+a}{1+l} = 0 \qquad (6-12)$$

其中 $\mu = (1-LW)/LW$ 是利润-工资比率，或者说剩余价值率。参照迪梅尼尔和列维的假设，创新是在已有技术基础上出现的逐渐改进，新技术相对于原有技术的变动较小，$(1+l)/(1+a) \approx 1$，由此得到技术选择边界的表达式：

$$\mu a + l = 0 \qquad (6-13)$$

技术选择边界的斜率是 $-\mu$，它受到实际工资 W 变动的影响。当实际工资 W 提高时，μ 变小，选择性边界逆时针转动。如图 6-2 所示，实线表示原来的技术选择边界，虚线表示新的技术选择边界。更多的劳动节约-资本使用型创新进入可盈利创新集，同时一些劳动使用-资本节约型创新退出可盈利创新集。从而，可盈利创新集中包含的劳动节约型创新（包括劳动节约-资本节约型和劳动节约-资本使用型创新）增加，劳动生产率的期望增长率提高。因此，劳动生产率的期望增长率是实际工资增长率的增函数。

最后，将创新集的变动内生化，使卡尔多-凡登法则的内在结构与"技术进步的古典-马克思主义演化模型"相融合。鉴于卡尔多-凡登法则是从经验数据中得到的关系式，一些研究（Romero and Britto, 2017; Basu and Budhiraja, 2021）尝试探讨其理论基础尤其是凡登系数的决定因素，其中迪克森和瑟尔沃尔（Dixon and Thirlwall, 1975; Thirlwall,

---

① 技术选择边界的推导，参见附录。

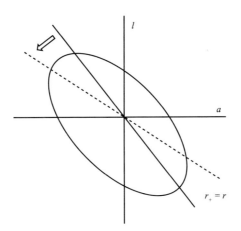

图 6-2　技术选择边界的转动

2018）结合卡尔多技术进步方程，为卡尔多–凡登法则提供了一种内在结构。参考他们的相关思想，可将创新分为嵌入资本的创新和未嵌入资本的创新，需求和产出的增长将促进这两类创新的发生，创新集因而得以扩大。如图 6-3 所示，实线椭圆代表原有的创新集，虚线椭圆代表在需求和产出增长促进之下的创新集。

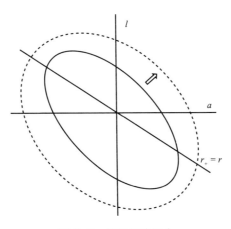

图 6-3　创新集的扩大

　　人均资本的增长，往往伴随着嵌入资本的创新的增多，创新集的大小因而与人均资本增长率正相关。技术变革既取决于创新集的大小，又取决于技术选择边界的斜率。技术选择边界的斜率决定了创新集之中有多少是可盈利的创新（即"可盈利创新占比"）。劳动生产率的期望增长率 p 可写为：

$$p = \Phi(w)(d + \varepsilon \dot{k}) \qquad (6-14)$$

劳动生产率的增长由两个部分来刻画，其中 $d + \varepsilon \dot{k}$ 与创新集的大小相对应，$\Phi(w)$ 与"可盈利的劳动节约型创新占比"相对应。d 是未物化于资本的创新，参数 ε 表示创新嵌入资本的程度（$\varepsilon \geqslant 0$），$\dot{k}$ 表示人均资本增长率。未物化于资本的创新，包括自发的未物化创新与由产出增长而引致的"干中学"。令 q 表示产出增长率，φ_1 表示自发的未物化创新，φ_2 反映"干中学"的程度，可得到：

$$d = \varphi_1 + \varphi_2 q \qquad (6-15)$$

其中 φ_1、φ_2 均大于或等于 0。资本的增长，包括自发的增长部分和由产出增长引致的部分。令 φ_3 表示自发的人均资本增长率，φ_4 表示产出增长引致资本积累的程度，可得到：

$$\dot{k} = \varphi_3 + \varphi_4 q \qquad (6-16)$$

式中 φ_3、φ_4 均大于或等于 0。将 d 和 $\dot{k}$ 的表达式代入式（6-14）可得：

$$p = (\varphi_1 + \varepsilon \varphi_3)\Phi(w) + (\varphi_2 + \varepsilon \varphi_4)\Phi(w)q \qquad (6-17)$$

实际工资提高时，技术选择边界逆时针转动，可盈利创新集中包含的劳动节约型创新增加，因此 $\Phi(w)$ 是实际工资增长率 w 的增函数。将 $\Phi(w)$ 写成一个线性的表达式：

$$\Phi(w) = \varphi_5 + \varphi_6 w \qquad (6-18)$$

其中 φ_6 表示实际工资增长引发"可盈利的劳动节约型创新占比"变动的程度，鉴于 $\Phi(w)$ 是 w 的增函数，$\varphi_6 > 0$。φ_5 表示其他因素对"可盈利的劳动节约型创新占比"的影响，鉴于"可盈利的劳动节约型创新占比"显然处于 0 和 1 之间，故 $0 \leqslant \varphi_5 \leqslant 1$。代入式（6-17）得到：

$$p = \varphi_5(\varphi_1 + \varepsilon\varphi_3) + \varphi_6(\varphi_1 + \varepsilon\varphi_3)w + \varphi_5(\varphi_2 + \varepsilon\varphi_4)q + \varphi_6(\varphi_2 + \varepsilon\varphi_4)wq$$

$$(6 - 19)$$

由于实际工资增长率与产出增长率的乘积 wq，远小于单独的实际工资增长率 w 或者单独的产出增长率 q，所以可将之忽略不计，于是得到：

$$p = \varphi_5(\varphi_1 + \varepsilon\varphi_3) + \varphi_6(\varphi_1 + \varepsilon\varphi_3)w + \varphi_5(\varphi_2 + \varepsilon\varphi_4)q \qquad (6 - 20)$$

实际工资增长率影响劳动生产率增长率的程度，取决于实际工资增长引发"可盈利的劳动节约型创新占比"变动的程度 φ_6、自发的未物化创新 φ_1、创新嵌入资本的程度 ε 以及自发的人均资本增长率 φ_3。产出增长率影响劳动生产率增长率的程度，取决于"干中学"的程度 φ_2、创新嵌入资本的程度 ε、产出增长引致资本积累的程度 φ_4 以及其他因素对"可盈利的劳动节约型创新占比"的影响 φ_5。劳动生产率的（不由实际工资变动和产出变动引致的）自发增长，则由其他因素对"可盈利的劳动节约型创新占比"的影响 φ_5、自发的未物化创新 φ_1、创新嵌入资本的程度 ε 以及自发的人均资本增长率 φ_3 来刻画。鉴于 φ_1、φ_2、φ_3、φ_4、φ_5、φ_6、ε 均大于或等于 0，实际工资增长率和产出增长率均对劳动生产率增速构成正向影响。

该模型为卡尔多-凡登法则与引致技术变革的结合提供了一个演化过程，其实质是从资本积累的视角给出了技术进步的一个内生机制。一方面，需求和产出的增加，既会带来资本积累以及嵌入资本积累的创新的增多，也会带来未嵌入资本的创新的增加，创新集扩大。另一方面，实际工资的变动，会影响资本在进行积累时的技术选择，更多的劳动节约型创新进入可盈利创新集。两个方面的综合效应，会促进劳动节约型技术进步，进而导致劳动生产率增长率提升。

通常认为，实际工资的变动具有两重效应。第一重效应，在供给侧，实际工资上升会造成企业的成本增加，进而挤压利润。第二重效应，在需求侧，实际工资上升有助于工薪阶层收入的增加，促进消费需求的提升。此模型实际上刻画了实际工资变动的第三重效应，即实际工资上升会促进劳动节约型技术进步。实际工资上升，造成技术选择边界变动，可盈利的劳动节约型创新的占比提高，企业更倾向于促成劳动节约型技术进步，劳动生产率的期望增长率提升。

关于实际工资的变动原因，马克思论述道："大体说来，工资的一般变动仅仅由同工业周期各个时期的更替相适应的产业后备军的膨胀和收缩来调节。因此，决定工资的一般变动的，不是工人人口绝对数量的变动，而是工人阶级分为现役军和后备军的比例的变动，是过剩人口相对量的增减，是过剩人口时而被吸收、时而又被游离的程度。"① 资本积累带来产业后备军的膨胀或者收缩，当资本积累对劳动力的需求增加时，产业后备军收缩，此时，相对于资本而言，工人的谈判力增强，实际工资倾向于上升；当资本积累对劳动力的需求减少时，产业后备军膨胀，工人的谈判力减弱，实际工资倾向于下降。资本积累进程中形成的制度型式，也会对实际工资构成影响。法国调节学派代表人物阿格列塔（Aglietta，1979）分析了在福特主义劳动过程的基础之上，由资本和劳动之间的博弈逐渐形成的集体谈判、福利体系等"结构型式"，对工人阶层工资和消费的推动作用。

本部分的模型虽然从一个代表性企业出发，但可以拓展到"资本与资本"之间关系的维度。资本与资本之间的竞争，一方面促使资本更加追求技术进步，加速个别资本的技术进步发生和劳动生产率提高；另一方面会淘汰一部分资本②，从而促使资本整体的平均劳动生产率提高。因此，资本与资本之间的竞争给劳动生产率带来的效应，可以融入本部分的模型之中。

---

① 马克思：《资本论》（第1卷），人民出版社，2004，第734页。
② 西德尼·韦伯在讨论最低工资时，涉及从淘汰部分企业的视角分析实际工资变动对劳动生产率的正向影响（Webb，1912）。拉沃将"更高的实际工资对劳动生产率的正向影响"称为韦伯效应，并给出一个描述（Lavoie，2014：306-309）：短期来看，普遍更高的工资率可能造成低生产率企业的生产成本高于价格领导者制定的价格，低生产率企业被迫走向破产倒闭；低生产率企业的消失，将使市场需求分配于效率更高的企业，从而整体的平均劳动生产率提高；长期而言，更高的实际工资会促使企业寻找更有效的生产方法，削减不经济的生产过程，进而带来整体的劳动生产率提高。

三　基于中国经济的考察

中国经济的劳动生产率增长率和实际 GDP 增长率，在近 30 年里有着几乎一致的变动。如图 6-4 所示，二者均在 1992~1999 年呈下降趋势，在 2000~2007 年趋向上升，在 2008~2020 年则趋向下降。就业人员增长率表现出长期的缓慢下降趋势，并且在量值上接近于 0。由此推测，劳动生产率增长率对实际 GDP 增长的回归系数将接近于 1，就业增长率对实际 GDP 增长率的回归系数将接近于 0。按照克罗恩的分析，我国的经验事实与卡尔多阐释的凡登法则不相符合，规模报酬递增规律不能解释劳动生产率的变动。

图 6-4　中国经济的劳动生产率、实际 GDP 和就业人员变动

注：实际 GDP 增长率由"国内生产总值指数（上年＝100）"计算得到；劳动生产率＝实际 GDP/就业人员，实际 GDP＝GDP/GDP 平减指数，基期为 2000 年。

数据来源：国家统计局。

然而，如果参照卡尔多的思路探讨工业的规模报酬递增效应，考察工业增加值增长率与整体劳动生产率增速之间的关系，则会呈现另一番图景。从图 6-5 可以看出，工业实际增加值增长率先降后升，在 2007 年到达高位之后转而趋于下降，与整体劳动生产率增长率的趋势有关联但又不完全一致，二者很可能有着相关关系。已有的一些研究（夏明，2007；Guo et al.，2012；卢荻和黎贵才，2019），也发现卡尔多-凡登法则能够解释中国经济的劳动生产率变动。

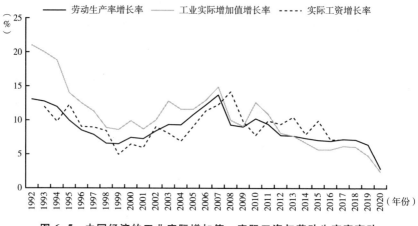

图 6-5　中国经济的工业实际增加值、实际工资与劳动生产率变动

注：工业实际增加值增长率，采用"工业增加值指数（上年＝100）"计算得到；实际工资＝劳动者报酬/就业人员/GDP 平减指数，基期为 2000 年。
数据来源：国家统计局。

而且，中国的经验事实还符合卡尔多的两个判断。第一，从图 6-4 可以看出，实际 GDP 的变动主要由劳动生产率的变动来解释，而不是由劳动投入的变动来解释。第二，已有研究发现，我国整体劳动生产率的增长主要归因于产业内部的劳动生产率增长，而不是产业结构的变动（即就业人员在产业之间的再配置）。整体劳动生产率增长率，能够被分解为产业内效应、就业再配置效应以及（可忽略不计的）交互效应。根据马加乔（Magacho，2017）的测算，中国整体劳动生产率在 1995～2010 年的产业内效应为 12.66%，而就业再配置效应仅为 1.5%。库切拉和江啸（Kucera and Jiang，2019）测算的中国整体劳动生产率在 1995～2009 年的年度平均增速为 8.8%，其中产业内效应为 7.7%，就业再配置效应仅为 1.1%。这两项研究的具体测算方式和测算结果不同，却一致发现对于整体劳动生产率增长而言，产业内的劳动生产率增长发挥着主要作用。

图 6-5 所展示的工业实际增加值增长率、实际工资增长率与劳动生产率增长率之间的关系，在一定程度上为本章"技术进步的古典-马克思-卡尔多主义演化模型"的劳动生产率关系式即式（6-20）提供了佐证。为了进行计量检验，可将该关系式写成一个线性形式：

$$p_{it} = \beta_1 + \beta_2\, q_{it} + \beta_3\, w_{it} + \sum\nolimits_{j=1}^{4} \tau_j\, Z_{jit} + u_i + \varepsilon_{it} \qquad (6-21)$$

其中，被解释变量 p_{it} 是第 i 个地区在第 t 期的劳动生产率增长率，主要解释变量 q_{it} 是第 i 个地区在第 t 期的工业实际增加值增长率[1]，w_{it} 是第 i 个地区在第 t 期的实际工资增长率，u_i 为个体效应，ε_{it} 为随机扰动项。

控制变量 Z_{jit} 包括以下几个。（1）研究强度变动率 T_{it}，研究强度界定为专利申请授权数与就业人员数之比，用作衡量自主创新的一个指标。（2）技术差距 G_{it}，用第 i 个地区与领先地区的劳动生产率差距来量度，作为衡量技术转移的一个指标。在下文对分省份数据的考察里，上海的劳动生产率处于领先地位，令 $P_{i,t}$ 表示第 i 个省份在第 t 期的劳动生产率，技术差距界定为 $G_{it} = (P_{\text{上海},t-1} - P_{i,t-1})/P_{i,t-1}$。（3）人均外商直接投资变动率 fdi_{it}，人均外商直接投资界定为"实际利用外商直接投资额"与年末常住人口之比。"实际利用外商直接投资额"，采用人民币对美元的汇率，换算成以人民币表示的数值，再用 GDP 平减指数调整为实际值，基期为 2000 年。（4）人均政府科技支出变动率 gov_{it}，人均政府科技支出等于政府科学技术支出（用 GDP 平减指数调整为实际值，基期为 2000 年）与年末常住人口之比。研究强度和技术转移直接影响技术水平及劳动生产率[2]，政府科技支出和外商直接投资也常被看作影响劳动生产率的因素，因而将它们作为控制变量。

对上述方程式的计量考察，除了需要控制不可观测的固定效应和可

---

①　鉴于分省份数据的可得性，利用工业增加值和 GDP 平减指数得到工业实际增加值。

②　"研究强度"和"技术差距"，被熊彼特主义文献强调为生产率增长的重要决定因素。参见 Verspagen（1991）、Griffith 等（2004）、Ha 和 Howitt（2007）以及 Madsen（2008）。

能的衡量误差以外，还需要着力于处理内生性问题。劳动生产率的提升，可能会促进产出增长、工资提高和研究强度加大，因此工业实际增加值增长率、实际工资增长率、研究强度变动率均可能是与劳动生产率增长率相关联的内生变量。技术差距是基于劳动生产率得到的一个前定变量，也与劳动生产率增长率有关联。

为了处理内生性等问题，本章采用布伦德尔和邦德（Blundell and Bond，1998）给出的系统 GMM（广义矩估计）方法。系统 GMM 方法在"差分 GMM"方法（Arellano and Bond，1991）与"水平 GMM"方法（Arellano and Bover，1995）的基础之上，将差分方程与水平方程联立，利用可能的滞后变量作为工具变量，进行回归估计。这一估计方法能够处理内生交互效应，而且大幅降低估计量的有限样本偏差，并提高估计效率（Elhorst，2012）。不过，采用系统 GMM 方法需要保证"扰动项不存在自相关"以及"工具变量有效"，因而有必要进行两项检验。一个是 Arellano-Bond 自相关检验，当扰动项差分不存在二阶或更高阶的自相关，比如二阶自相关 AR（2）检验的 p 值大于 10% 时，接受原假设"扰动项不存在自相关"。另一个是 Hansen 过度识别检验，当 Hansen 统计量不显著，比如 p 值大于 10% 时，接受原假设"工具变量均有效"。

考虑到数据的可得性、完整性以及统计口径的一致性，计量考察对象选取中国内地的 31 个省级行政区划单位。分省份数据的时间跨度为 1997~2017 年，个体数为 31 个，时期数为 21 期，样本量为 651 个。数据来源是国家统计局网站、《中国统计年鉴》、各省区市统计年鉴和 Wind 经济数据库，个别缺失数据采用线性插值法补全。

首先，检验被解释变量和主要解释变量的平稳性。样本的横截面维度为 31 个，时间维度为 21 个，因而选取适用于短面板数据的单位根检验方法 HT 检验和 IPS 检验。从表 6-1 中可看出，各变量的 HT 检验和 IPS 检验结果均在 1% 的显著性水平上拒绝原假设"面板包含单位根"，说明各变量的面板数据均为平稳过程。

表 6-1 平稳性检验

变量	HT 检验	IPS 检验	是否平稳
p	0.3106 ***	-7.5696 ***	平稳
q	0.2475 ***	-7.0498 ***	平稳
w	0.0237 ***	-11.7575 ***	平稳

注：***、**、* 分别表示在 1%、5% 和 10% 的水平上显著，余同。

其次，开展计量检验。表 6-2 呈现了混合回归（OLS）模型、双向固定效应模型和系统 GMM 模型的估计结果，各项模型估计均使用稳健标准误。混合回归（OLS）和双向固定效应模型的估计结果，罗列出来作为参照。表 6-2 的第（1）~ 第（3）列显示，在三种估计方法之下，工业实际增加值增长率和实际工资增长率均在 1% 的水平上对劳动生产率增长率构成显著的影响。系统 GMM 模型的估计结果显示，工业实际增加值增长率的系数（即凡登系数）为 0.3186，实际工资增长率的系数为 0.2483，与混合回归（OLS）和双向固定效应模型的估计结果有所不同，体现了控制内生性带来的影响。对于系统 GMM 的"AB 检验 AR（2）"（即 Arellano-Bond 自相关检验对扰动项差分是否存在二阶自相关的考察），p 值为 0.767，意味着在 10% 的显著性水平上，能够接受"扰动项不存在自相关"的原假设。"Hansen 检验"的 p 值为 0.188，说明能够接受"工具变量均有效"的原假设。因此，这两个检验表明，采用系统 GMM 方法所需的前提条件能够得到满足。

表 6-2 估计结果

变量	（1）OLS	（2）双向固定效应	（3）系统 GMM	（4）OLS	（5）双向固定效应	（6）系统 GMM
q	0.2981 *** (0.0270)	0.2769 *** (0.0487)	0.3186 *** (0.0324)	0.3114 *** (0.0178)	0.3164 *** (0.0271)	0.3059 *** (0.0326)
w	0.2753 *** (0.0421)	0.3021 *** (0.0491)	0.2483 *** (0.0512)	0.2628 *** (0.0399)	0.2907 *** (0.0486)	0.2165 *** (0.0426)

续表

变量	（1）OLS	（2）双向固定效应	（3）系统 GMM	（4）OLS	（5）双向固定效应	（6）系统 GMM
T				0.0159 **（0.0066）	0.0108（0.0066）	0.0154 **（0.0076）
G				0.0018 ***（0.0007）	−0.0005（0.0012）	0.0027 ***（0.0010）
fdi				0.0010 ***（0.0001）	0.0013 ***（0.0002）	0.0008 ***（0.0001）
gov				−0.0010（0.0015）	−0.0017（0.0026）	0.0008（0.0017）
常数项	0.0322 ***（0.0031）	0.0339 ***（0.0052）	0.0325 ***（0.0028）	0.0240 ***（0.0036）	0.0354 ***（0.0074）	0.0237 ***（0.0039）
观测值	651	651	651	647	647	647
R^2	0.5830	0.6244		0.6189	0.6452	
AB 检验 AR（2）			0.767			0.448
Hansen 检验			0.188			0.237

注：括号内为稳健标准误，Arellano-Bond 检验和 Hansen 检验列出的数字均是 p 值，余表同；因为 fdi 数据有四个缺失值，分别是青海 1997 年以及西藏 1997 年、1998 年和 2017 年，所以加入控制变量进行估计时，观测值数量减少为 647 个。

第（4）~第（6）列中加入了控制变量。系统 GMM 中"AB 检验 AR（2）"和"Hansen 检验"的 p 值分别为 0.448 和 0.237，说明能够接受"扰动项不存在自相关"和"工具变量均有效"的原假设，满足应用系统 GMM 方法所需的条件。加入控制变量之后，混合回归（OLS）、双向固定效应和系统 GMM 模型的估计结果依然显示，工业实际增加值增长率和实际工资增长率均在 1% 的水平上对劳动生产率增长率影响显著。加入控制变量的系统 GMM 模型中，工业实际增加值增长率和实际工资增长率的系数分别为 0.3059 和 0.2165，与未加入控制变量时的估计结果比较一致。未加入控制变量和加入控制变量的估计结果均表明，工业的规模报酬递增效应和实际工资的引致技术变革效应，对中国的劳动生产率变动构成了显著的影响。

最后,从四个方面检验计量结果的稳健性。第一,调整控制变量。考虑到人均政府科技支出变动率 *gov* 的系数在混合回归(OLS)、双向固定效应和系统 GMM 模型中均不显著,因此将它去除之后,重新进行回归。表 6-3 第(1)列展现了系统 GMM 模型的估计结果,从中能够看到,工业实际增加值增长率的系数为 0.3076,实际工资增长率的系数为 0.2172,均在 1% 的水平上显著,与表 6-2 第(6)列给出的系统 GMM 模型的估计结果 0.3059 和 0.2165 基本一致。"AB 检验 AR(2)"和"Hansen 检验"的 p 值分别为 0.443 和 0.228,均大于 10%,符合应用系统 GMM 方法的要求。由此说明,人均政府科技支出变动率没有对劳动生产率变动率产生明显的影响,将它去掉之后,估计结果保持稳定。

表 6-3 稳健性检验

变量	(1) 调整控制变量	(2) 调整数据范围	(3) 3 年平均	(4) Queen	(5) K4	(6) distance
	系统 GMM			SPGMM		
q	0.3076*** (0.0323)	0.2887*** (0.0358)	0.3249*** (0.0277)	0.2819*** (0.0152)	0.2808*** (0.0152)	0.2820*** (0.0152)
w	0.2172*** (0.0425)	0.2205*** (0.0445)	0.2213*** (0.0817)	0.2685*** (0.0170)	0.2716*** (0.0171)	0.2667*** (0.0171)
常数项	0.0235*** (0.0039)	0.0225*** (0.0044)	0.0252*** (0.0058)	0.0268*** (0.0028)	0.0263*** (0.0028)	0.0259*** (0.0029)
控制变量	是	是	是	是	是	是
观测值	647	609	214	651	651	651
R^2				0.6263	0.6261	0.6265
AB 检验 AR(2)	0.443	0.556	0.180			
Hansen 检验	0.228	0.232	0.425			
Wald 检验				881.7953***	891.9158***	893.2747***
LM Error				14.3375***	9.7380***	22.9465***

续表

变量	（1） 调整控制 变量	（2） 调整数据 范围	（3） 3年平均	（4） Queen	（5） K4	（6） distance
	系统 GMM			SPGMM		
稳健 LM Error				9.3908 ***	7.4444 ***	22.4982 ***
LM Lag				5.2525 **	2.4160	0.9296
稳健 LM Lag				0.3058	0.1223	0.4814

第二，调整数据范围。青海和西藏的数据在一些年份有缺失值，把两个省份的数据去掉之后，重新进行回归。表6-3第（2）列展现了系统 GMM 模型的估计结果，工业实际增加值增长率的系数为0.2887，实际工资增长率的系数为0.2205，均在1%的水平上显著，相对于表6-2第（6）列给出的系统 GMM 模型的估计结果0.3059和0.2165有所变动，但变动不大。"AB 检验 AR（2）"和"Hansen 检验"的 p 值分别为0.556和0.232，均大于10%，满足采用系统 GMM 方法需要的前提条件。由此说明，去掉青海和西藏的数据之后，系统 GMM 模型的估计结果保持稳定。

第三，数据3年平均。卡尔多-凡登法则衡量产出增长对生产率变动的长期效应，相关文献常用5年平均数据来进行衡量。本章为了减少数据量的损失，采用了3年平均。将各个变量每3年的数据取一个平均值，从1997~2017年的数据中得到7个平均值数据，分别为1997~1999年、2000~2002年、2003~2005年、2006~2008年、2009~2011年、2012~2014年、2015~2017年的平均值。表6-3的第（3）列给出了估计结果，从中可以看出，"AB 检验 AR（2）"和"Hansen 检验"的 p 值分别为0.180和0.425，均在10%以上，符合采用系统 GMM 方法的要求。工业实际增加值增长率 q 的系数为0.3249，在1%的水平上显著，与表6-2第（3）列和第（6）列给出的系统 GMM 模型的估计结果0.3186和0.3059非常接近。实际工资增长率 w 的系数为0.2213，同样在 1%的水平上显著，与表 6-2 第（3）列和第（6）列中系统 GMM 模型的估计结果 0.2483 和 0.2165 也较为接近。由此说明，在采用平均值数据的情况下，估计结果依然稳定。

第四，考虑空间效应。各变量的分省份数据之间有可能存在空间相关性，莫兰指数和吉尔里指数常被用于进行初步衡量。采用后相邻（Queen）空间权重矩阵，发现劳动生产率增长率、工业实际增加值增长率和实际工资增长率的莫兰指数和吉尔里指数，在 1997~2017 年的大多数年份里并不显著（参见表 6-4）。莫兰指数和吉尔里指数提供了对空间相关性的初步描述，具体的判断还需要建立空间计量模型。本章分别利用基于后相邻（Queen）、K 个最近邻居（K4）和空间距离（distance）的空间权重矩阵，构建空间面板数据模型，采取空间面板自回归广义矩估计（SPGMM）方法解决内生性问题（Elhorst，2012，2014），并使用拉格朗日乘子（LM）检验在空间滞后模型和空间误差模型之间进行选择。

表 6-4　莫兰指数和吉尔里指数

年份	p		q		w	
	莫兰指数	吉尔里指数	莫兰指数	吉尔里指数	莫兰指数	吉尔里指数
1997	0.059	0.614***	−0.011	0.890	0.155*	0.613***
1998	0.050	0.698*	−0.091	0.880	0.013	0.825
1999	−0.080	0.922	0.043	1.031	0.114	0.786
2000	0.188**	0.580**	0.021	0.893	0.029	1.145
2001	0.017	0.815	0.018	0.254**	−0.005	0.861
2002	−0.272**	1.192	0.037	0.915	−0.267**	1.399**
2003	−0.049	1.457	0.039	0.952	0.077	1.405*
2004	0.108	0.659*	0.011	0.814	−0.054	0.98
2005	0.182**	0.875	−0.029	1.141	0.160*	0.743
2006	−0.038	1.158	0.103	0.743	−0.025	1.064
2007	0.163	0.643**	0.030	0.921	0.126	0.680
2008	0.168*	0.759	0.011	0.865	0.187**	0.805
2009	0.128	0.878	0.018	0.891	−0.106	1.274

续表

年份	p		q		w	
	莫兰指数	吉尔里指数	莫兰指数	吉尔里指数	莫兰指数	吉尔里指数
2010	0.110	0.746 *	0.106	0.863	-0.084	1.156
2011	0.214 **	0.734 *	0.096	0.812	0.212 **	0.918
2012	0.006	1.588	0.044	0.875	-0.045	1.643 *
2013	0.422 ***	0.675 **	0.044	0.852	0.108	1.193
2014	0.294 ***	0.517 **	0.272 ***	0.642 *	0.152	0.678
2015	0.424 ***	0.694 **	0.269 ***	0.711 *	0.125	0.833
2016	0.304 ***	0.480 *	0.130 *	0.643	0.255 ***	0.521 *
2017	0.119	1.129	0.078	1.199	0.175 **	1.073

数据来源：历年《中国统计年鉴》和各省区市统计年鉴。

表6-3的第（4）～第（6）列给出了考虑空间效应的估计结果。从中可以看到，LM-error（误差项的拉格朗日乘子）统计量和稳健 LM-error 统计量，在三种空间权重矩阵设定之下均于 1% 的水平上显著，而 LM-Lag（滞后项的拉格朗日乘子）统计量仅在后相邻（Queen）空间权重矩阵之下于 5% 的水平上显著，稳健 LM-Lag 统计量则在三种空间权重矩阵之下均不显著。因此，拉格朗日乘子（LM）检验支持选择空间误差模型（Anselin et al.，2008；Elhorst，2014）。空间滞后项的系数不显著，与劳动生产率增长率的莫兰指数及吉尔里指数在多数年份里不显著，是相互一致的。

在三种空间权重矩阵设定之下，空间面板自回归广义矩估计（SPGMM）均通过了用于审视模型系数联合显著性的 Wald 检验。估计结果显示，基于三种空间权重矩阵估计出的工业实际增加值增长率 q 的系数分别为 0.2819、0.2808 和 0.2820，三者非常接近，并均在 1% 的水平上显著。基于三种空间权重矩阵估计出的实际工资增长率 w 的系数分别为 0.2685、0.2716 和 0.2667，三者也比较接近，而且均在 1% 的水平上显著。工业实际增加值增长率和实际工资增长率的各项系数大小，与表6-2 的系统 GMM 模型估计结果有所不同，但也相差不大。由此说明，考虑空间效应对参数估计有所影响，却并没有造成大的改变，工业实际增加值增长率和实际工资增长率依然对劳动生产率增长率构成显著的正向影响。

上述四种稳健性检验，均说明表 6-2 中呈现的估计结果是稳健的。针对整体劳动生产率的计量考察发现，在整体就业增长缓慢、劳动力供给构成约束的情形之下，工业的规模报酬递增效应依然显著，否定了克罗恩的质疑。同时，估计结果也表明，不仅研究强度和技术转移等技术因素会影响劳动生产率，实际工资及其所代表的引致技术变革效应也对劳动生产率构成显著的影响。由此说明，本章给出的"技术进步的古典-马克思-卡尔多主义演化模型"，得到了经验数据的支持。

如何解释 2008~2020 年的劳动生产率增长率趋向下降？实际 GDP 增长率在 2007 年之后呈现下降趋势，体现了总需求增速的下滑。由于就业人员增长率变动幅度较小，劳动生产率增长率和总需求变动率基本一致。因此，对于研究劳动生产率而言，研究总需求变动是没有意义的。按照卡尔多的洞见，工业的需求（产出）变动，带来工业劳动生产率以及其他产业劳动生产率的变动，进而带来整体的经济增长。工业实际增加值增长率在 2007 年之后的趋于下降，代表着工业的需求增速下滑。参照迪克森和瑟尔沃尔（Dixon and Thirlwall, 1975）对卡尔多-凡登法则的阐释，需求增速下降将带来资本积累的放缓，中国的数据也正是如此。

"固定资本形成总额"反映固定资本投资，可将之作为衡量资本积累的一个指标。[①] 从图 6-6 中可以看出，固定资本形成总额增长率与工业实际增加值增长率，除了在 2009 年偏离较大之外，均呈现较为接近的趋势，由此显示了资本积累与工业产出（需求）之间的伴随关系。1992~2003 年，二者均呈现先下降后上升的趋势。2004~2008 年，二者均处于 10% 以上的高位。2009 年，由于国际金融危机的影响，工业实

[①] 许宪春（2013）指出："固定资本形成总额的基本用途：一是反映最终需求中的固定资本投资需求总量；二是用于计算最终需求结构中的固定资本投资需求比重"；"支出法 GDP 中的居民消费和固定资本形成总额是反映最终需求中的居民消费需求和固定资本投资需求的准确指标"。

际增加值增速出现下滑，而固定资本形成总额的增速则由于危机后的投资刺激而攀升。2010~2020年，工业实际增加值和固定资本形成总额增速呈现相当一致的下降趋势。

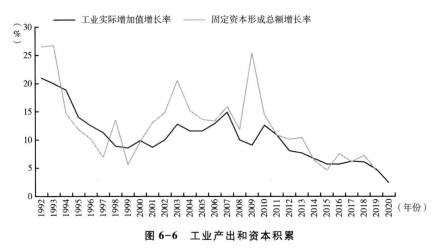

图6-6 工业产出和资本积累

注：固定资本形成总额为利用固定资产投资价格指数得到的实际值。
数据来源：国家统计局。

图6-7展示了劳动生产率增长率、就业人员增长率和实际工资增长率的变动状况。实际工资增长率在1993~2008年先降后升，在2008年到达高位之后，转而呈现下降的趋势。鉴于我国就业人员增长率呈现长期的下降趋势，2008年以后，中国经济实际上出现了就业人员增长率和实际工资增长率的双重下降。这种双重下降，正体现了马克思的洞见，决定工资水平的，不是就业人员的数量，而是资本积累状况。2000~2008年，随着资本积累进展较快，实际工资和劳动生产率之间形成互相促进的良性循环。实际工资增长越快，企业越有动力进行劳动节约型创新，由此劳动生产率得到提高。而劳动生产率的提高，则会扩大实际工资的增长空间，实际工资可能进一步提升。然而，随着工业产出和资本积累的放缓，2009年开始实际工资和劳动生产率步入了一种不良循环。实际工资的增速下降，企业进行劳动节约型创新的动力减弱，由此造成劳动生产率难以得到提升，其增速下

滑。而劳动生产率增速下滑，则造成实际工资增长空间被压缩，实际工资的增长率进一步下降。

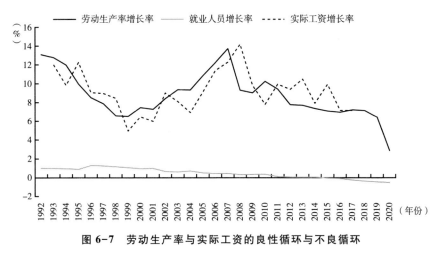

图 6-7　劳动生产率与实际工资的良性循环与不良循环

数据来源：国家统计局。

由此可见，工业产出（需求）增速上升，资本积累加快，以及实际工资与劳动生产率之间的良性循环，促进劳动生产率增长率在 2000~2007 年趋向上升。而工业产出（需求）下降，资本积累放缓，以及实际工资与劳动生产率之间的不良循环，则促使劳动生产率增长率在 2008~2020 年趋于下降。

四　小结

后凯恩斯主义的卡尔多-凡登法则，从需求的视角提供了一种技术进步内生化方式，但因为没有着重考虑供给侧约束而引发争论。克罗恩对卡尔多-凡登法则的新近质疑，试图说明在就业增长缓慢的情形之下，卡尔多-凡登法则和规模报酬递增效应对劳动生产率的变动不再具有解释力。克罗恩的质疑存在三个方面的问题，但涉及卡尔多-凡登法则的一个局限性。当劳动力供给构成约束时，有必要结合供给侧要素拓展这一法则。古典－马克思主义也探讨技术进步的内在形成机制，尤其注重劳动成本和技术选择的影响。本章在考察新近争议的基础上，从资本积累的技术选择出发，将古典－马克思主义的技术进步思想与卡尔多－凡登法则相结合并给出一个技术演化基础，从而为技术进步的内生化提供一个容纳需求侧因素、供给侧要素和"生产的社会关系"的模型。

在针对中国经济进行经验考察时，本章采取系统广义矩估计方法解决内生性问题，并利用调整控制变量、调整数据范围、数据3年平均和考虑空间效应等方式检验估计结果的稳健性。从考察及检验中发现以下几点。（1）当劳动力和技术条件等供给侧要素对经济增长构成约束时，工业产出（需求）增长率依然对劳动生产率增长率构成显著的影响，工业的规模报酬递增效应依然发挥着作用。（2）实际工资显著影响劳动生产率，体现了实际工资对劳动节约型技术进步的引致作用。（3）中国经济2008~2020年的劳动生产率增速下滑，可在相当程度上归因于工业产出（需求）下降，资本积累放缓，以及实际工资与劳动生产率之间的恶性循环。作为应对，有必要在注重自主创新和技术转移的同时，发挥工业的规模报酬递增效应和实际工资的引致技术变革效应。

卡尔多主义累积因果增长理论（Kaldor，1970；Razmi，2013）将斯密－杨格规模报酬递增学说与凯恩斯主义有效需求学说相结合，为解释地区经济增长差异和推动良性增长循环构建了一个机制，卡尔多－凡登法则是其中的关键环节。本章对这一法则的拓展，让该理论能够纳入劳动成本等供给侧约束，而且增添了"生产的社会关系"分析维度。发展卡尔多主义累积因果增长理论，并用以讨论中国不同地区之间的增长不平衡以及如何促进良性的增长循环，是进一步研究的可能方向。

附录 技术选择边界的推导

$$r = \frac{1 - LW}{A}; r_+ = \frac{1 - L_+W}{A_+}$$

$$r_+ = r$$

$$\frac{1 - L_+W}{A_+} = \frac{1 - LW}{A}$$

$$\frac{1 - [L/(1 + l)]W}{A/(1 + a)} = \frac{1 - LW}{A}$$

$$(1 + a)(1 - \frac{LW}{1 + l}) = 1 - LW$$

$$(1 + a)(1 + l - LW) = (1 + l)(1 - LW)$$

$$a(1 + l) + (l - a)LW = 0$$

令 $\mu = (1 - LW)/LW$，则 $LW = 1/(\mu + 1)$，代入上式得到：

$$a(1 + l) + (l - a)\frac{1}{\mu + 1} = 0$$

$$a(1 + l)(\mu + 1) + (l - a) = 0$$

$$a\mu + al\mu + a + al + l - a = 0$$

$$a\mu + al\mu + al + l = 0$$

$$a\mu(1 + l) + l(1 + a) = 0$$

$$\mu a + l\frac{1 + a}{1 + l} = 0$$

假设创新是在已有技术基础上出现的逐渐改进，新技术相对于原有技术的变动较小，$(1 + l)/(1 + a) \approx 1$，则得到技术选择边界的表达式：

$$\mu a + l = 0$$

参考文献

戴艳娟，泉弘志．2014．基于全劳动生产率的中国各产业生产率的测算
　　[J]．财经研究（12）：89-101．

冯金华．2019．正确处理虚实关系 推动经济高质量发展 [J]．学术研究
　　（12）：81-88+2+177-178．

冯志轩，刘凤义．2020．马克思-斯拉法框架下的全劳动生产率增速测算
　　[J]．世界经济（3）：3-25．

弗里曼．2013．出现金融市场以后的利润率：一个必要的修正 [J]．李
　　亚伟，译．政治经济学报（1）：41-60．

高峰．2014．资本积累理论与现代资本主义 [M]．北京：社会科学文献
　　出版社．

哈维．2003．后现代的状况：对文化变迁之缘起的探究 [M]．阎嘉，
　　译．北京：商务印书馆．

哈维．2017a．资本的限度 [M]．北京：中信出版集团．

哈维．2017b．世界的逻辑 [M]．周大昕，译．北京：中信出版社．

黄勇峰，任若恩，刘晓生．2002．中国制造业资本存量永续盘存法估计
　　[J]．经济学（季刊）（2）：377-396．

拉沃．2009．后凯恩斯主义经济学 [M]．王鹏，译．济南：山东大学出
　　版社．

黎贵才，赵峰，卢荻．2021．金融化对经济增长的影响：作用机理与中
　　国经验 [J]．中国人民大学学报（4）：60-73．

李帮喜，王生升，裴宏．2016．置盐定理与利润率趋向下降规律：数理

结构、争论与反思［J］.清华大学学报（哲学社会科学版）（4）：178-186+198.

李翀.2003.论经济虚拟化及其运行机制［J］.北京师范大学学报（社会科学版）（6）：21-27.

李翀.2018.马克思利润率下降规律：辨析与验证［J］.当代经济研究（8）：5-15+97.

李嘉图.1962.政治经济学及赋税原理［M］.郭大力，王亚南，译.北京：商务印书馆.

李亚伟.2018.利润率平均化：量度模型与经验考察［J］.当代经济研究（8）：16-25+97.

李亚伟，孟捷.2015.如何在经验研究中界定利润率——基于现代马克思主义文献的分析［J］.中国人民大学学报（6）：37-46.

李扬，张晓晶，等.2020.中国国家资产负债表（2020）［M］.北京：中国社会科学出版社.

李怡乐.2019.我国实体经济的利润率修复机制研究［J］.马克思主义与现实（2）：151-158.

刘灿，韩文龙.2013.利润率下降规律研究述评——当代西方马克思主义经济学研究的新进展［J］.政治经济学评论（4）：165-177.

刘晓欣，刘骏民.2020.虚拟经济的运行方式、本质及其理论的政策含义——马克思逻辑的历史延伸［J］.学术月刊，52（12）：42-56.

刘晓欣，田恒.2020.中国经济从"脱实向虚"到"脱虚向实"——基于马克思主义政治经济学的分析视角［J］.社会科学战线（8）：44-55.

刘晓欣，张珂珂.2021.为何虚拟经济的收益高于实体经济［J］.中国统计（5）：25-27.

刘晓欣，张艺鹏.2019.中国经济"脱实向虚"倾向的理论与实证研究——基于虚拟经济与实体经济产业关联的视角［J］.上海经济研究（2）：33-45.

卢荻，黎贵才.2019.生产性效率、工业化和中国经济增长［J］.政治经济学报（16）：3-18.

鲁保林.2012.一般利润率下降规律：理论与现实［D］.西南财经大学博士学位论文.

鲁品越.2015.利润率下降规律下的资本高积累——《资本论》与《21世纪资本论》的矛盾及其统一［J］.财经研究，41（1）：87-95+106.

陆正飞，黄慧馨，李琦.2018.会计学［M］.北京：北京大学出版社.

罗宾逊.2017.资本积累论［M］.于树生，译.北京：商务印书馆.

骆桢.2010.对"置盐定理"的批判性考察［J］.经济学动态（6）：120-124.

骆桢，戴欣.2017.利润率下降规律的条件——基于中国数据的检验［J］.当代经济研究（4）：61-67.

曼德尔.1983.晚期资本主义［M］.马清文，译.哈尔滨：黑龙江人民出版社.

曼德尔.1998.资本主义发展的长波：马克思主义的解释［M］.南开大学国际经济研究所，译.北京：商务印书馆.

孟捷.2001.马克思主义经济学的创造性转化［M］.北京：经济科学出版社.

孟捷.2011.资本主义经济长期波动的理论：一个批判性评述［J］.开放时代（10）：101-120.

孟捷，龚剑.2014.金融资本与"阶级—垄断地租"——哈维对资本主义都市化的制度分析［J］.中国社会科学（8）：91-108.

孟捷，高峰.2019.发达资本主义经济的长波：从战后"黄金年代"到2008年金融-经济危机［M］.上海：格致出版社，上海人民出版社.

孟捷，李亚伟.2014.韦斯科普夫对利润率动态的研究及其局限［J］.当代经济研究（1）：16-23+96-97.

孟捷，李亚伟，唐毅南 .2014. 金融化与利润率的政治经济学研究 ［J］．
　　经济学动态（6）：50-59.

佩蕾丝 .2007. 技术革命与金融资本：泡沫与黄金时代的动力学 ［M］．
　　田方萌等，译 . 北京：中国人民大学出版社 .

乔根森 .2001. 生产率（第 1 卷）：战后美国经济增长 ［M］．李京文
　　等，译 . 北京：中国发展出版社 .

荣兆梓 .1992. 总要素生产率还是总劳动生产率 ［J］．财贸研究（3）：
　　15-22.

荣兆梓，陈旸 .2014. 转形问题 B 体系：模型与计算 ［J］．经济研究，
　　49（9）：149-161.

单豪杰 .2008. 中国资本存量 K 的再估算：1952~2006 年 ［J］．数量经
　　济技术经济研究（10）：17-31.

斯威齐 .2000. 资本主义发展论 ［M］．陈观烈，秦亚男，译 . 北京：商
　　务印书馆 .

孙琳琳，任若恩 .2005. 资本投入测量综述 ［J］．经济学（季刊）（3）：
　　823-842.

卫兴华，侯为民 .2010. 国际金融危机的发展趋势及其对我国经济的影
　　响 ［J］．经济学动态（1）：32-35.

卫兴华，孙咏梅 .2009. 当前金融危机的特点与根源及应对思考 ［J］．
　　经济学动态（5）：15-19+24.

卫兴华，孙咏梅 .2011. 用马克思主义的理论逻辑分析国际金融危机
　　［J］．社会科学辑刊（1）：108-112.

王生升，李帮喜，顾珊 .2019. 价值决定向价值实现的蜕化：置盐定理
　　的逻辑推理困境 ［J］．世界经济，42（6）：3-19.

夏明 .2007. 生产率增长的规模递增效应与经济结构转变——卡尔多-凡
　　登定律对中国经济适用性的检验 ［J］．经济理论与经济管理（1）：
　　29-33.

谢富胜，匡晓璐 .2019. 金融部门的利润来源探究 ［J］．马克思主义研

究（6）：58-70.

谢富胜，匡晓璐，李直.2021.发展中国家金融化与中国的抵御探索
　　［J］.经济理论与经济管理（8）：29-42.

谢富胜，李直.2016.中国经济中的一般利润率：1994~2011［J］.财
　　经理论研究（3）：1-8.

谢富胜，郑琛.2016.如何从经验上估算利润率？［J］.当代经济研究
　　（4）：5-15+97+2.

谢克.2014.21世纪的第一次大萧条［J］.当代经济研究（1）：24-
　　31+96.

徐春华.2016.危机后一般利润率下降规律的表现、国别差异和影响因
　　素［J］.世界经济，39（5）：3-28.

许宪春.2013.准确理解中国的收入、消费和投资［J］.中国社会科学
　　（2）：4-24.

许宪春.2020.中国国民经济核算核心指标的变迁——从MPS的国民收
　　入向SNA的国内生产总值的转变［J］.中国社会科学（10）：48-
　　70+205.

余斌.2012.平均利润率趋向下降规律及其争议［J］.经济纵横（9）：
　　9-13.

张军，吴桂英，张吉鹏.2004.中国省际物质资本存量估算：1952~2000
　　［J］.经济研究（10）：35-44.

张俊山.2019.虚拟经济的政治经济学原理［J］.天津师范大学学报
　　（社会科学版）（6）：30-36.

张衔，薛宇峰.2020.对置盐定理的批判性解构［J］.中国社会科学
　　（6）：94-119+206.

张衔，钟鹏.2021.对虚拟资本的理论思考［J］.社会科学战线（5）：
　　91-99.

赵峰，陈诚.2022.金融化时代的金融利润来源：一个马克思主义的
　　"三维剥削"视角［J］.财经科学（1）：43-54.

赵峰，季雷，赵翌辰．2017．中国非金融企业利润率动态的长期和短期影响因素分析：1992~2014［J］．当代经济研究（10）：11-22．

赵磊，刘河北．2017．利润率下降与中国经济新常态［J］．四川大学学报（哲学社会科学版）（1）：102-111．

置盐信雄．2010．技术变革与利润率［J］．骆桢，李怡乐，译．教学与研究（7）：48-56．

Aglietta M. 1979. *A Theory of Capitalist Regulation: The US Experience* ［M］. London: Verso.

Angeriz A, McCombie J S L, Roberts M. 2008. New estimates of returns to scale and spatial spillovers for EU regional manufacturing, 1986-2002 ［J］. *International Regional Science Review*, 31 (1): 62-87.

Angeriz A, McCombie J S L, Roberts M. 2009. Increasing returns and the growth of industries in the EU regions: Paradoxes and conundrums ［J］. *Spatial Economic Analysis*, 4 (2): 127-148.

Anselin L, Le Gallo J, Jayet H. 2008. *The Econometrics of Panel Data: Fundamentals and Recent Development in Theory and Practice* ［M］. Berlin: Springer.

Antenucci F, Deleidi M, Meloni P W. 2020. Kaldor 3.0: An empirical investigation of the Verdoorn-augmented technical progress function ［J］. *Review of Political Economy*, 32 (1): 49-76.

Arellano M, Bond S. 1991. Some tests of specification for panel data: Monte Carlo evidence and an application to employment equations ［J］. *The Review of Economic Studies*, 58 (2): 277-297.

Arellano M, Bover O. 1995. Another look at the instrumental variable estimation of error-components models ［J］. *Journal of Econometrics*, 68 (1): 29-51.

Arrow K J. 1962. The economic implication of learning by doing ［J］. *The Review of Economic Studies*, 29 (3): 155-173.

Bahce S, Eres B. 2013. Competing paradigms of competition: Evidence from the Turkish manufacturing industry [J] . *Review of Radical Political Economics*, 45 (2): 201-224.

Bakir E. 2015. Capital accumulation, profitability, and crisis: Neoliberalism in the United States [J] . *Review of Radical Political Economics*, 47 (3): 389-411.

Bakir E, Campbell A. 2010. Neoliberalism, the rate of profit and the rate of accumulation [J] . *Science & Society*, 74 (3): 323-342.

Bakir E, Campbell A. 2013. The financial rate of profit: What is it, and how has it behaved in the United States? [J] . *Review of Radical Political Economics*, 45 (3): 295-304.

Basu D, Budhiraja M. 2021. What to make of the Kaldor-Verdoorn law? [J] . *Cambridge Journal of Economics*, 45 (6): 1243-1268.

Basu D, Foley D. 2013. Dynamics of output and employment in the US economy [J] . *Cambridge Journal of Economics*, 37: 1077-1106.

Blundell R W, Bond S R. 1998. Initial conditions and moment restrictions in dynamic panel data models [J] . *Journal of Econometrics*, 87: 115-143.

Carnevali E, Godin A, Lucarelli S, et al. 2020. Productivity growth, Smith effects and Ricardo effects in Euro Area's manufacturing industries [J] . *Metroeconomica*, 71: 129-155.

Carter S. 2011. C. E. Ferguson and the neoclassical theory of capital: A matter of faith [J] . *Review of Political Economy*, 23 (3): 339-356.

Cassetti M. 2003. Bargaining power, effective demand and technical progress: A Kaleckian model of growth [J] . *Cambridge Journal of Economics*, 27 (3): 449-464.

Clark C. 1957. *The Conditions of Economic Progress* [M] . London: Macmillan.

Clark C. 1962. *British Trade in the Common Market* [M]. London: Stevens and Sons Ltd.

Corsi M, D'Ippoliti C. 2013. The productivity of the public sector: A classical view [J]. *PSL Quarterly Review*, 66 (267): 403−434.

Davanzati F G, Giangrande N. 2019. Labour market deregulation, taxation and labour productivity in a Marxian-Kaldorian perspective: The case of Italy [J]. *Cambridge Journal of Economics*, 42 (2): 371−390.

De Young R, Rice T. 2004a. How do banks make money? The fallacies of fee income [J]. *Federal Reserve Bank of Chicago Economic Perspectives*, 28 (4): 34−51.

De Young R, Rice T. 2004b. Noninterest income and financial performance at U. S. commercial banks [J]. *The Financial Review*, 39 (1): 101−127.

Dixon R, Thirlwall A. 1975. A model of regional growth-rate differences on Kaldorian lines [J]. *Oxford Economic Papers*, 27 (2): 201−214.

Duménil G, Lévy D. 1994. Stylized facts about technical progress since the Civil War: A vintage model [J]. *Structural Change and Economic Dynamics*, 5: 1−23.

Duménil G, Lévy D. 1996. The acceleration and slowdown of technical progress in the US since the Civil War: The transition between two paradigms [J]. *Revue Internationale De Systémique*, 10 (3): 303−321.

Duménil G, Lévy D. 2004. The real and financial components of profitability (United States, 1952−2000) [J]. *Review of Radical Political Economics*, 36 (1): 82−110.

Duménil G, Lévy D. 2010. The classical Marxian evolutionary model of technical change [M] // Setterfield M. *Handbook of Alternative Theories of Economic Growth*. Aldershot: Edward Elgar: 243−273.

Duménil G, Lévy D. 2011. *The Crisis of the Early 21st Century: A Critical Review of Alternative Interpretations* [M]. Paris: Paris-Jourdan Sciences Économiques.

Duménil G, Lévy D. 2016. *The Historical Trends of Technology and Distribution in the U.S. Economy: Data and Figures (since 1869)* [M]. Paris: Economix, PSE.

Dutt A K. 2006. Aggregate demand, aggregate supply and economic growth [J]. *International Review of Applied Economics*, 20 (3): 319–336.

Elhorst J P. 2012. Dynamic spatial panels: Models, methods and inferences [J]. *Journal of Geographical System*, 14 (1): 5–18.

Elhorst J P. 2014. *Spatial Econometrics: From Cross-sectional Data to Spatial Panels* [M]. Berlin: Springer.

Fazzari S M, Ferri P, Variato M A. 2020. Demand-led growth and accommodating supply [J]. *Cambridge Journal of Economics*, 44 (3): 583–605.

Felipe J, McCombie J S L. 2013. *The Aggregate Production Function and Technical Change: "Not Even Wrong"* [M]. Cheltenham: Edward Elgar.

Foley D K, Michl T R. 1999. *Growth and Distribution* [M]. Cambridge: Harvard University Press.

Freeman A. 2012. The profit rate in the presence of financial markets: A necessary correction [J]. *Journal of Australian Political Economy*, 70: 167–192.

Gehrke C. 2003. The Ricardo effect: Its meaning and validity [J]. *Economica*, 70: 143–158.

Gillman J M. 1957. *The Falling Rate of Profit* [M]. London: Dennis Dobson.

Godley W, Lavoie M. 2007. *Monetary Economics: An Integrated Approach to*

Credit, Money, Income, Production and Wealth [M] . London: Palgrave MacMillan.

Gordon D M. 1996. *Fat and Mean: The Corporate Squeeze of Working Americans and the Myth of Managerial "Downsizing"* [M] . New York: Free Press.

Greene W H. 2000. *Econometric Analysis*, 4th edition [M] . Upper Saddle River: Prentice Hall.

Greenwood R, Scharfstein D. 2013. The growth of finance [J] . *Journal of Economic Perspectives*, 27 (2): 3-28.

Griffith R, Redding S, Van Reenen J. 2004. Mapping the two faces of R&D: Productivity growth in a panel of OECD industries [J] . *Review of Economics and Statistics*, 86 (4): 883-895.

Guarini G. 2009. Labour productivity and technological capability: An econometric analysis on the Italian regions [M] // Salvadori N, Commendatore P, Tamberi M. *Geography, Structural Change and Economic Development: Theory and Empirics*. Cheltenham: Edward Elgar: 280-303.

Guo D, Dall'Erba S, Le Gallo J. 2012. The leading role of manufacturing in China's regional economic growth: A spatial econometric approach of Kaldor's laws [J] . *International Regional Science Review*, 36 (2): 139-166.

Ha J, Howitt P. 2007. Accounting for trends in productivity and R&D: A Schumpeterian critique of semi-endogenous growth theory [J] . *Journal of Money, Credit and Banking*, 9 (4): 733-774.

Hahnel R, Sherman H. 1982. The rate of profit over the business cycle [J] . *Cambridge Journal of Economics*, 6: 185-194.

Hein E, Tarassow A. 2010. Distribution, aggregate demand and productivity growth-theory and empirical results for six OECD countries based on a post-Kaleckian model [J] . *Cambridge Journal of Economics*, 34 (4): 727-754.

Heinrich M. 2013. Crisis theory, the law of the tendency of the profit rate to fall, and Marx's studies in the 1870s [J] . *Monthly Review*, 64 (11): 15-31.

Hicks J R. 1932. *The Theory of Wages* [M] . London: Macmillan.

Itoh M, Lapavitsas C. 1999. *Political Economy of Money and Finance* [M] . London: Macmillan.

Jeon Y, Vernengo M. 2008. Puzzles, paradoxes, and regularities: Cyclical and structural productivity in the United States (1950 - 2005) [J] . *Review of Radical Political Economics*, 40 (3): 237-243.

Kaldor N. 1957. A model of economic growth [J] . *Economic Journal*, 67 (268): 591-624.

Kaldor N. 1961. Capital accumulation and economic growth [M] // Lutz F A, Hague D C. *The Theory of Capital*. London: Macmillan.

Kaldor N. 1966. *Causes of the Slow Rate of Economic Growth of the United Kingdom: An Inaugural Lecture* [M] . Cambridge: Cambridge University Press.

Kaldor N. 1967. *Strategic Factors in Economic Development* [M] . Ithaca: Cornell University Press.

Kaldor N. 1968. Productivity and growth in manufacturing industry: A reply [J] . *Economica*, 75: 385-390.

Kaldor N. 1970. The case for regional policies [J] . *Scottish Journal of Political Economy*, 17: 337-348.

Kaldor N. 1972. The irrelevance of equilibrium economics [J] . *The Economic Journal*, 82 (328): 1237-1255.

Kaldor N. 1975. Economic growth and the Verdoorn law: A comment on Mr. Rowthorn's article [J] . *Economic Journal*, 85 (340): 891-896.

Kaldor N. 1985. *Economics Without Equilibrium* ［M］. New York: M. E. Sharpe, Inc.

Kaldor N, Mirrlees J A. 1962. A new model of economic growth ［J］. *The Review of Economic Studies*, 29 (3): 174-192.

Kalecki M. 1954. *Theory of Economic Dynamics* ［M］. London: Routledge: 45-52.

Kliman A. 2012. *The Failure of Capitalist Production* ［M］. London: Pluto Press.

Kliman A, Freeman A, Potts N, et al. 2013. The unmaking of Marx's capital: Heinrich's attempt to eliminate Marx's crisis theory ［EB/OL］. ［07-22］. http: //ssrn. com/abstract=2294134.

Kotz D M. 2009. Economic crises and institutional structures: A comparison of regulated and neoliberal capitalism in the U. S. ［M］// Goldstein J, Hillard M. *Heterodox Macroeconomics: Keynes, Marx and Globalization*. London: Routledge: 176-188.

Kotz D M. 2011. Over-investment and the economic crisis of 2008 ［J］. *World Review of Political Economy*, 2 (1): 5-25.

Krippner G. 2005. The financialization of the American economy ［J］. *Socio-economic Review*, 3 (2): 173-208.

Krohn G A. 2019. A note on "Puzzles, paradoxes, and regularities: Cyclical and structural productivity in the United States (1950-2005)" ［J］. *Review of Radical Political Economics*, 51 (1): 158-163.

Kucera D, Jiang X. 2019. Structural transformation in emerging economies: Leading sectors and the balanced growth hypothesis ［J］. *Oxford Development Studies*, 47 (2): 188-204.

Kurz H D. 2010. Technical progress, capital accumulation and income distribution in classical economics: Adam Smith, David Ricardo and Karl Marx ［J］. *European Journal of the History of Economic Thought*,

17（5）: 1183-1222.

Lapavitsas C. 2013. *Profiting Without Producing: How Finance Exploits Us All* [M]. London: Verso.

Lapavitsas C, Mendieta-Muñoz I. 2019. The historic rise of financial profits in the U. S. economy [J]. *Journal of Post Keynesian Economics*, 42（3）: 443-468.

Lavoie M. 2014. *Post-Keynesian Economics: New Foundations* [M]. Cheltenham: Edward Elgar.

Lavoie M. 2018. Production functions, the Kaldor-Verdoorn law and methodology [M] // Arestis P. *Alternative Approaches in Macroeconomics*. Cham: Palgrave Macmillan.

León-Ledesma M A. 2002. Accumulation, innovation and catching-up: An extender cumulative growth model [J]. *Cambridge Journal of Economics*, 26: 201-216.

Madsen J B. 2008. Semi-endogenous versus Schumpeterian growth models: Testing the knowledge production function using international data [J]. *Journal of Economic Growth*, 13（1）: 1-26.

Magacho G R. 2017. Structural change and economic growth: Advances and limitations of Kaldorian growth models [J]. *PSL Quarterly Review*, 70（279）: 35-57.

Magacho G R, McCombie J S L. 2017. Verdoorn's law and productivity dynamics: An empirical investigation into the demand and supply approaches [J]. *Journal of Post Keynesian Economics*, 40（3）: 1-22.

Magacho G R, McCombie J S L. 2018. A sectoral explanation of per capita income convergence and divergence: Estimating Verdoorn's law for countries at different stages of development [J]. *Cambridge Journal of Economics*, 42: 917-934.

Mage S. 1963. The "law of the falling tendency of the rate of profit": It's place in the Marxian theoretical system and relevance to the U. S. Economy [D]. New York: Columbia University.

Malkiel B. 2013. Asset management fees and the growth of finance [J]. *Journal of Economic Perspectives*, 27 (2): 97-108.

Maniatis T. 2012. Marxist theories of crisis and the current economic crisis [J]. *Forum for Social Economics* (1): 6-29.

McCombie J S L. 1982. Economic growth, Kaldor's laws and the static-dynamic Verdoorn law paradox [J]. *Applied Economics*, 14 (3): 279-294.

McCombie J S L. 2002. Increasing returns and the Verdoorn law from a Kaldorian perspective [M] // McCombie J S L, Pugno M, Soro B. *Productivity Growth and Economic Performance: Essays on Verdoorn's Law.* London: Macmillan.

McCombie J S L, Pugno M, Soro B. 2002. *Productivity Growth and Economic Performance: Essays on Verdoorn's Law* [M]. London: Macmillan.

McCombie J S L, Roberts M. 2007. Returns to scale and regional growth: The static-dynamic Verdoorn law paradox revisited [J]. *Journal of Regional Science*, 47 (2): 179-200.

McCombie J S L, Spreafico M R M. 2016. Kaldor's "technical progress function" and Verdoorn's law revisited [J]. *Cambridge Journal of Economics*, 40 (4): 1117-1136.

McCombie J S L, Spreafico M R M, Xu S. 2018. Productivity growth of the cities of Jiangsu province, China: A Kaldorian approach [J]. *International Review of Applied Economics*, 32 (4): 450-471.

Michl T R. 1985. International comparisons of productivity growth: Verdoorn's law revisited [J]. *Journal of Post Keynesian Economics*, 7 (4): 474-492.

Moseley F. 1985. The rate of surplus value in the postwar US economy: A critique of Weisskopf's estimates [J]. *Cambridge Journal of Economics* (9): 57-79.

Moseley F. 1991. *The Falling Rate of Profit in the Postwar United States Economy* [M]. London: Macmillan.

Moseley F. 2013. The U. S. economic crisis: From a profitability crisis to an overindebtedness crisis [J]. *Review of Radical Political Economics*, 45 (4): 472-477.

Myrdal G. 1957. *Economic Theory and Underdeveloped Regions* [M]. London: Duckworth.

Naastepad C W M. 2006. Technology, demand and distribution: A cumulative growth model with an application to the Dutch productivity growth slowdown [J]. *Cambridge Journal of Economics*, 30 (3): 403-434.

Pereira H C I, Romero J, Medeiros V. 2021. Kaldor-Verdoorn's law and institutions: Evidence from Brazilian municipalities [J]. *Cambridge Journal of Economics*, 45 (3): 511-536.

Perez C. 1983. Structural change and the assimilation of new technologies in the economic and social systems [J]. *Futures*, 15 (5): 357-375.

Perez C. 2010. Technological revolutions and techno-economic paradigms [J]. *Cambridge Journal of Economics*, 34 (1): 185-202.

Razmi A. 2013. Imposing a balance-of-payments constraint on the Kaldorian model of cumulative causation [J]. *Journal of Post Keynesian Economics*, 36 (1): 31-57.

Romero J P. 2019. A Kaldor-Schumpeter model of cumulative growth [J]. *Cambridge Journal of Economics*, 43 (6): 1597-1621.

Romero J P, Britto G. 2017. Increasing returns to scale, technological catch-up and research intensity: An industry-level investigation combining EU

KLEMS productivity data with patent data [J]. *Cambridge Journal of Economics*, 41: 391-412.

Rosdolsky R. 1977. *The Making of Marx's "Capital"* [M]. London: Pluto Press Limited.

Rowthorn R E. 1975a. What remains of Kaldor's law? [J]. *Economic Journal*, 85: 10-19.

Rowthorn R E. 1975b. A reply to Lord Kaldor's comment [J]. *Economic Journal*, 85: 897-901.

Rowthorn R E. 1979. A note on Verdoorn's law [J]. *Economic Journal*, 89: 131-133.

Sarich J, Hecht J. 2014. Are mega-corps competitive? Some empirical tests of business competition [M] // Moudud J K, Bina C, Mason P L. *Alternative Theories of Competition: Challenges to Orthodoxy*. New York: Routledge: 298-324.

Sato K. 1974. The neoclassical postulate and the technology frontier in capital theory [J]. *Quarterly Journal of Economics*, 88 (3): 353-384.

Shaikh A. 1974. Laws of production and laws of algebra: The humbug production function [J]. *Review of Economics and Statistics*, 56 (1): 115-120.

Shaikh A. 1992. The falling rate of profit as the cause of long waves: Theory and empirical evidence [M] // Kleinknecht A, Mandel E, Wallerstein I. *New Findings in Long Wave Research*. London: Macmillan: 174-202.

Shaikh A. 2008. Competition and industrial rates of return [M] // Arestis P, Eatwell J. *Issues in Finance and Industry: Essays in Honour of Ajit Singh*. New York: Palgrave: 167-194.

Shaikh A. 2010. *The First Great Depression of the 21th Century* [M]. London: The Merlin Press.

Shaikh A. 2016. *Capitalism: Competition, Conflict and Crisis* [M]. New York: Oxford University Press.

Shaikh A, Tonak E. 1994. *Measuring the Wealth of Nations: The Political Economy of National Accounts* [M]. Cambridge: Cambridge University Press.

Silver B. 2003. *Forces of Labor Workers' Movements and Globalization since 1870* [M]. Cambridge: Cambridge University Press.

Stockhammer E. 2004. Financialisation and the slowdown of accumulation [J]. *Cambridge Journal of Economics* (5): 719-741.

Storm S, Naastepad C W M. 2012. *Macroeconomics Beyond the NAIRU* [M]. Cambridge: Harvard University Press.

Sweezy P. 1942. *The Theory of Capitalist Development* [M]. New York: Monthly Review Press.

Sylos-Labini P. 1983. Factors affecting changes in productivity [J]. *Journal of Post Keynesian Economics*, 6 (2): 161-179.

Taylor L, Foley D K, Rezai A. 2019. Demand drives growth all the way: Goodwin, Kaldor, Pasinetti and the steady state [J]. *Cambridge Journal of Economics*, 43 (5): 1333-1352.

Tescari S, Vaona A. 2014. Regulating rates of return do gravitate in US manufacturing [J]. *Metroeconomica*, 65 (3): 377-396.

Thirlwall A P. 1980. Rowthorn's interpretation of Verdoorn's law [J]. *Economic Journal*, 90: 386-388.

Thirlwall A P. 1983. A plain man's guide to Kaldor's growth laws [J]. *Journal of Post Keynesian Economics*, 5 (3): 345-358.

Thirlwall A P. 2002. Foreword [M] // McCombie J S L, Pugno M, Soro B. *Productivity Growth and Economic Performance: Essays on Verdoorn's Law*. London: Macmillan.

Thirlwall A P. 2018. John McCombie's contribution to the applied economics of growth in a closed and open economy [M] // Arestis P. *Alternative Approaches in Macroeconomics*. Cham: Palgrave Macmillan.

Tinbergen J. 1959. On the theory of trend movements [M] // Klaassen L H. *Jan Tinbergen: Selected Papers*. Amsterdam: North Holland.

Tori D, Onaran Ö. 2018. The effects of financialization on investment: Evidence from firm-level data for the UK [J]. *Cambridge Journal of Economics* (5): 1393-1416.

Tridico P, Pariboni R. 2018. Inequality, financialization, and economic decline [J]. *Journal of Post Keynesian Economics*, 41 (2): 236-259.

Tsoulfidis L, Tsaliki P. 2005. Marxian theory of competition and the concept of regulating capital: Evidence from Greek manufacturing [J]. *Review of Radical Political Economics*, 37: 5-22.

Tsoulfidis L, Tsaliki P. 2014. Classical competition and regulating capital: Theory and empirical evidence [M] // Moudud J K, Bina C, Mason P L. *Alternative Theories of Competition: Challenges to Orthodoxy*. New York: Routledge: 267-297.

Verdoorn P J. 1949. Fattori che regolano lo sviluppo della produttivita del lavoro [J]. *L'Industria*, 1: 3-10.

Verdoorn P J. 1980. Verdoorn's law in retrospect: A comment [J]. *Economic Journal*, 90: 382-385.

Verdoorn P J. 2002. Factors that determine the growth of labour productivity [M] // McCombie J S L, Pugno M, Soro B. *Productivity Growth and Economic Performance: Essays on Verdoorn's Law*. London: Macmillan.

Verspagen B. 1991. A new empirical approach to catching up or falling behind [J]. *Structural Change and Economic Dynamics*, 2 (2): 359-380.

Webb S. 1912. The economic theory of a legal minimum wage [J]. *Journal of Political Economy*, 20: 973-998.

Weisskopf T E. 1979. Marxian crisis theory and the rate of profit in the postwar US economy ［J］. *Cambridge Journal of Economics* （3）: 341-378.

Weisskopf T E. 1985. The rate of surplus value in the postwar US economy: A response to Moseley's critique ［J］. *Cambridge Journal of Economics* （9）: 81-84.

Weisskopf T E, Bowles S, Gordon D M. 1983. Hearts and minds: A social model of U. S. productivity growth ［J］. *Brookings Papers on Economic Activity*, 2: 381-450.

Wolfe J N. 1968. Productivity and growth in manufacturing industry: Some reflections on professor Kaldor's inaugural lecture ［J］. *Economica*, 35: 117-126.

Wolff E N. 1979. The rate of surplus value, the organic composition, and the general rate of profit in the U. S. economy, 1947 - 67 ［J］. *The American Economic Review*, 69 （3）: 329-341.

Wolff E N. 1986. The productivity slowdown and the fall in the U. S. rate of profit, 1947 - 76 ［J］. *Review of Radical Political Economics*, 18 （1&2）: 87-109.

Wolff E N. 1988. The rate of surplus value, the organic composition, and the general rate of profit in the U. S. economy, 1947-67: Reply ［J］. *The American Economic Review*, 78 （1）: 304-306.

Wooldridge J. 2002. *Econometric Analysis of Cross Section and Panel Data* ［M］. Cambridge: MIT Press.

Young A A. 1928. Increasing returns and economic progress ［J］. *Economic Journal*, 38 （152）: 527-542.

Yu Y, Jo J. 2022. Financialization of South Korean non-financial firms: An empirical analysis of the impacts on firms' real and research and development investments ［J］. *Journal of Post Keynesian Economics*, 45 （1）: 1-26.

图书在版编目（CIP）数据

中国实体经济与虚拟经济的利润率：基于马克思主
义的视角 / 李亚伟著 . -- 北京：社会科学文献出版社，
2025.4. -- ISBN 978-7-5228-4463-3

Ⅰ . F124

中国国家版本馆 CIP 数据核字第 20248FP756 号

中国实体经济与虚拟经济的利润率
　基于马克思主义的视角

著　　者／李亚伟

出 版 人／冀祥德
责任编辑／田　康
责任印制／岳　阳

出　　版／社会科学文献出版社·经济与管理分社（010）59367226
　　　　　地址：北京市北三环中路甲 29 号院华龙大厦　邮编：100029
　　　　　网址：www.ssap.com.cn
发　　行／社会科学文献出版社（010）59367028
印　　装／三河市龙林印务有限公司

规　　格／开　本：787mm×1092mm　1/16
　　　　　印　张：12.75　字　数：183 千字
版　　次／2025 年 4 月第 1 版　2025 年 4 月第 1 次印刷
书　　号／ISBN 978-7-5228-4463-3
定　　价／98.00 元

读者服务电话：4008918866